*Посвящается моему сыну, солнечному мальчику,
которому пришлось так рано повзрослеть.*

Основы и тренды
Нового Бытия

«Не могу это описать: это как Тошнота, только с обратным знаком, словом, у меня начинается приключение, и когда я спрашиваю себя, с чего я это взял, я понимаю, в чем дело: Я ЧУВСТВУЮ СЕБЯ СОБОЙ И ЧУВСТВУЮ, ЧТО Я ЗДЕСЬ; ЭТО Я прорезаю темноту и я счастлив, точно герой романа.»

Жан Поль Сартр.
«Тошнота»

Эпоха Рыб и Эпоха Водолея

Разумеется, дело не в астрологии, не в магических знаках, не в священных камнях, колпаках со звездами, молитвах[1] или подобных вещах, которые хоть и действуют, но, как я убежден, не больше, чем плацебо. Они не могут иметь серьезного влияния вовне субъекта, который применяет к себе подобные практики. Уточним: определенный эффект есть, но речь, скорее, о самовнушении. Созвездия, под которыми мы родились, уже миллиарды лет даже не выглядят так как они выглядели в момент, когда излучали вот эти самые фотоны, которые, долетев из глубин космоса черепашьим шагом со скоростью 300 000 км/сек, и отразившись в хрусталике нашего глаза, создали электрические сигналы в зрительных нервах нашего мозга, а затем были обработаны и через систему аксонов и дендритов[2] распределены в соответствующие отделы мозга. Есть более объективные факторы,

---

[1] За исключением, кстати, арамейской формулы «Абра-Кадабра» ('A Bara' — «*я создаю*», 'ke Dab´ra' — «*как говорю*») что представляет собой простой способ сотворения реальности через манифестацию.

[2] *Аксон* — отросток передающий, через него импульс идет от тела клетки к другому нейрону. *Дендриты* — отростки принимающие, они собирают импульсы от других нейронов и передают телу. (В действительности некоторые дендриты проводят сигнал в двух направлениях, к телу и от тела нейрона).

оказывающие влияние на жизнь нас с вами и нашей планеты.

Гравитация

Речь идет о гравитации. Именно гравитация создает уникальные условия, которым нас подвергает Вселенная в первые секунды нашего рождения и мозг новорожденного воспринимает базовые условия, заданные окружающим миром, за базовые условия окружающей среды. Люди, наблюдая за тысячелетними закономерностями поведения тех, кто родился в определенное время года, пришли к некоторым общим формулам, которые применимы к большинству из таких людей.

Подобным же образом действует и китайское искусство организации физического пространства *фэншуй*[3]. Когда я жил в Гонконге, сын старого мастера по фэншуй рассказал, как собирались базовые знания в этой практике. В числе прочего он привел пример, который будет особенно четко показывать, как работает эта практика, что будет важно для наших следующих шагов. Так, в фэншуй есть правило, которое рекомендует не размещать вход в дом с северной стороны, а в качестве санкции, в случае нарушения правила, обещая при этом неудачи в семейной жизни. Работает это в Китае на 100 процентов и вот каким образом: зимой со стороны пустыни Гоби два месяца дует сильный порывистый ветер, который при открытии входной двери, врывается в дом и мгновенно его охлаждает. Дети в Китае проводят все

---

[3] *Фэншуй*, или *фэн-шуй* (кит. трад. 風水, упр. 风水, пиньинь fēngshuǐ — дословно — «*ветер и вода*») — даосская практика символического освоения (организации) пространства. С помощью фэншуй якобы можно выбрать «наилучшее» место для строительства дома или захоронения. Заявленная цель фэншуй — поиск благоприятных потоков энергии ци и их использование на благо человека.

время на полу, поэтому моментально подхватывают простуду. Жена, ухаживая за больными детьми, не высыпается и становится сварливой. Муж ищет утешения у молодых любовниц, и семья разрушается. Мы, таким образом, имеем перед собой статистическое исследование в области вероятности распределения среднеквадратического отклонения[4] в кривой Гаусса[5], другим образом, статистическое наблюдение на протяжении тысяч лет. И тут я передаю привет немецкой бизнес-школе в городе Валлендар под г. Кобленц, ФРГ, где я изучал математическую статистику, не вполне тогда понимая зачем мне это нужно. Впрочем, точки давно сошлись[6]. В первый раз об этом контексте я узнал из речи реббе Менделя Шнеерсона[7], который обращаясь к русскоязычным евреям,

---

[4] В теории вероятностей и статистике *среднеквадрати́ческое (средне-квадрати́чное) отклоне́ние* — наиболее распространённый показатель рассеивания значений случайной величины относительно её математического ожидания (аналога среднего арифметического с бесконечным числом исходов).

[5] *Норма́льное распределе́ние*, также называемое *распределением Гаусса или Гаусса – Лапласа* — распределение вероятностей, которое в одномерном случае задаётся функцией плотности вероятности, совпадающей с функцией Гаусса.

[6] Из речи Михаила Эпштейна на получении премии Liberty в 2000: «Когда я думаю о русском американце, мне представляется образ интеллектуальной и эмоциональной широты, которая могла бы сочетать в себе аналитическую тонкость и практичность американского ума и синтетические наклонности, мистическую одаренность русской души. Сочетать российскую культуру задумчивой меланхолии, сердечной тоски, светлой печали, — и американскую культуру мужественного оптимизма, деятельного участия и сострадания, веры в себя и в других...»

[7] *Рабби Менахем-Мендл Шнеерсон* (в прижизненных публикациях и традиционно ивр. מנחם מענדל שניאורסאהן англ. *Menachem Mendel Schneerson*; 18 апреля 1902, Николаев — 12 июня 1994, Нью-Йорк), чаще упоминается как Люба́вич(е)ский ре́бе (идиш דער ליובאַוויטשער רבי, дер люба́вичер ре́бе, ивр. הרבי מליובאוויטש,

указал на симбиоз восточноевропейской души и американской практичности как основную причину для соединения с Америкой.

Вопрос, как я думаю, тут стоит шире и он именно в божественном союзе причины причин — желании сердца и американской культуре мужественного оптимизма, веры в себя и бесконечного и упоенного действия вместе, а часто и вместо важных, но засасывающих в бесконечные хождения по кругу рефлексий. О мужестве и оптимизме и их высшем проявлении — доблести, т. е. о личном мужестве, которое в силу обстоятельств остается в тайне от окружающих, как о важнейших составляющих пути ронина, в этой книге еще будет сказано немало.

Однако, вернемся к гравитации. Для облегчения понимания процесса воздействия гравитации на пространство и время я прошу вас вообразить следующую простую картинку: посмотрите вокруг себя и представьте, что весь мир, без исключения, пронизывают пунктирные линии, светящиеся зеленоватым, тусклым светом. Этот пунктир складывается в трехмерную ячеистую сетку, которая не пронизывает физические предметы, а обволакивает их, создавая округлые и вытянутые линии в местах растяжения. Если вы, находясь в состоянии сухого поста и упорной медитации, проведете рукой перед собой, то увидите, как движение вашей руки растягивает пространство, состоящее из этих ячеек. Если вы достигните определенного уровня, то сможете увидеть, как меняется и время под воздействием гравитации. В моем случае пропал порез на руке, который я получил незадолго

ха-ра́би ми-люба́вич) — 7-й и последний ребе Хабада. Один из еврейских духовных лидеров XX века. Считается мессией некоторыми из своих последователей, часть из которых не признают его физической смерти. Его могила в Нью-Йорке стала местом массового паломничества.

до этого. Хочу подчеркнуть, что, как мне кажется, совершенно неважно, действительно ли пропал порез
на моей руке или это почудилось под воздействием
медитации и голодания, важно то, что это видение соответствует научно-теоретическим и эмпирическим
знаниям наших самых передовых ученых, на чем я более подробно остановлюсь далее в этой книге.

Этот процесс носит название расширения времени и, упростив объяснение, может быть проиллю-
стрирован таким примером: часы, помещенные в область более высокого гравитационного поля, будут
идти медленнее, поскольку гравитационный эффект
будет минимальным. Как верно, хотя и довольно узко
объясняет Западно Техасский A&M Университет,
*«поскольку эффект гравитации на свет будет мини-
мальным и свету понадобится меньше времени для
достижения отражающей поверхности, что в свою
очередь будет медленнее поворачивать часы».* Объяснение нелепое, но такова нынешняя популярная фи-
зика. Проверьте — это работает.

Мой кумир и бескомпромиссный ронин всех времен и народов (о ронинах еще пойдет речь в этой книге), Стивен Хокинг, практически первым из известных мне современников пришел к связи гравитации
и времени в контексте сингулярности[8], о которой мы
также еще будем говорить.

---

[8] *Сингуля́рность (от лат. singularis «единственный, особенный»)*
- *Сингулярность в философии* — единичность существа, события, явления.
- *Математическая сингулярность (особенность)* — точка,
  в которой математическая функция стремится к бесконеч-
  ности или имеет какие-либо иные нерегулярности поведения.
- *Гравитационная сингулярность (сингулярность пространства–времени)* — область пространства–времени, через
  которую невозможно гладко продолжить входящую в неё
  геодезическую линию.

Я взял небольшой и популярный отрывок из «Научного наследия Стивена Хокинга» Шона Кэролла[9]:

Работая над докторской диссертацией в Кембридже в середине 1960-х, Хокинг стал интересоваться вопросами происхождения и итоговой судьбы Вселенной. Подходящим инструментом для исследований этой проблемы была Общая Теория Относительности — ОТО[10], теория Эйнштейна, описывающая пространство, время и гравитацию. Согласно ОТО, то, что мы ощущаем, как гравитацию, является отражением кривизны пространства – времени. Понимая, как кривизна создаётся материей и энергией, мы можем предсказать эволюцию Вселенной. Об этом можно говорить, как о «классическом» периоде Хокинга, чтобы противопоставить классическую ОТО и его более поздние исследования в области квантовой теории поля и квантовой гравитации.

Примерно в то же время Роджер Пенроуз из Оксфорда привёл примечательное доказательство: согласно ОТО, при очень широком спектре условий, пространство и время обрушатся внутрь себя и сформируют сингулярность. Если гравитация — это

- *Космологическая сингулярность* — состояние Вселенной в начальный момент Большого взрыва, характеризующееся бесконечной плотностью и температурой вещества.
- *Технологическая сингулярность* — гипотетический момент, по прошествии которого технический прогресс станет настолько быстрым и сложным, что окажется недоступным пониманию.

[9] Профессор Естественной Философии Университета Хопкинса и Профессор Факультета Фракталов Института Санта Фе, Калифорния.

[10] *Общая теория относительности (ОТО; нем. allgemeine Relativitätstheorie)* — общепринятая в настоящее время теория тяготения, описывающая тяготение как проявление геометрии пространства – времени. Предложена Альбертом Эйнштейном в 1915 – 1916 годах

кривизна пространства – времени, то сингулярность — это такой момент времени, в который эта кривизна становится бесконечно большой. Теорема показала, что сингулярности не были просто какими-то диковинками; они являются важным свойством ОТО.

Результат Пенроуза применили к чёрным дырам — участкам пространства – времени, в которых гравитационное поле оказывается настолько сильным, что оттуда не может убежать даже свет. Внутри чёрной дыры в будущем таится сингулярность. Хокинг взял идею Пенроуза и вывернул её наизнанку, направив в прошлое Вселенной. Он показал, что при таких же общих условиях пространство должно было появиться из сингулярности: Большого взрыва.

Современные космологи говорят (и этим всех запутывают) как о модели Большого взрыва, которая является очень успешной теорией, описывающей эволюцию расширяющейся Вселенной за миллиарды лет, так и о сингулярности Большого взрыва, пониманием которой мы пока не можем похвастаться.

Затем Хокинг обратил своё внимание на чёрные дыры. Ещё одним интересным результатом расчётов Пенроуза стало то, что из чёрной дыры можно извлечь энергию, по сути, добывая энергию из её вращения, пока она не остановится. Хокинг сумел показать, что, хотя извлечь энергию и возможно, но область горизонта событий, окружающего ЧД, в любых физических процессах будет увеличиваться.

Эта «теорема площади» была важной как сама по себе, так и в отношении совершенно другой области физики: термодинамики, изучающей передачу тепла.

Термодинамика подчиняется набору знаменитых законов. К примеру, первый закон говорит о том, что энергия сохраняется, а второй, что энтропия — мера беспорядка Вселенной — у замкнутой системы никогда не уменьшается. Работая с Джеймсом Бардином[11] и Брэндоном Картером[12], Хокинг предложил набор законов «механики чёрных дыр», аналогичных термодинамике. Как и в термодинамике, первый закон механики ЧД гарантирует сохранение энергии. Второй закон — теорема площади Хокинга, говорит о том, что площадь горизонта событий никогда не уменьшается. Иначе говоря, площадь горизонта событий ЧД очень похожа на энтропию термодинамической системы — со временем они увеличиваются[13].

Есть хорошие исследования черных дыр, где этот принцип работает на уровнях жизни и смерти и спорить с этим сейчас уже бесполезно.

Этим отступлением я хотел показать главное — не просто взаимосвязь, а непосредственное формирование гравитацией пространства и времени.

---

[11] *Джеймс Бардин* (англ. *James Maxwell Bardeen*. Годы жизни: 9.5.1939 – 20.6.2022) американский физик, известный своими трудами по общей относительности, в частности по механике черных дыр.

[12] *Брэндон Картер* (англ. *Brandon Carter*; родился в 1942 году) — физик-теоретик, наиболее известный своими работами по общей теории относительности.
В 1973 году окончательно сформулировал антропный принцип, в котором усмотрел расширение задолго до него сформулированного принципа Коперника.
В 1983 году написал работу под названием «Доказательства Судного дня», основанную на идее, что согласно принципу равновероятности событий можно предположить, что мы живём в эпоху середины человечества, когда половина всех возможных людей уже родилась и умерла, что совместно с демографическими прогнозами позволяет оценить возможную дату исчезновения человека как вида.

[13] Речь идет, вероятно, о втором законе термодинамики, который в вольном варианте можно представить так: энтропия замкнутых систем не может уменьшаться. Другими словами, хаос увеличивается в той степени, насколько замкнута та или иная система. (*Прим. автора*)

ПРЕЦЕССИЯ[14] ЗЕМЛИ

Прецессия — суть отклонение Земли от оси в процессе вращения Земли. Следует, однако, понимать, что ось вращения — не то же самое, что направление момента импульса; хотя момент импульса тела имеет свойство сохраняться (в отсутствие внешних воздействий), вращение твёрдого тела может происходить либо вокруг этого вектора (например, у тел, обладающих определённой симметрией), либо ось вращения будет постоянно менять своё направление.

Наблюдать прецессию достаточно просто. Нужно запустить волчок и подождать, пока он начнёт замедляться. Первоначально ось вращения волчка вертикальна. Затем она постепенно отклоняется от вертикали и начинает описывать конус. Это движение, выполняемое помимо собственного вращения вокруг  оси волчка, и называется прецессией оси волчка. С уменьшением скорости вращения волчка его верхняя точка постепенно опускается и движется по расходящейся спирали.

Главное свойство прецессии — безынерционность: как только сила, вызывающая прецессию волчка, пропадёт, прецессия прекратится, а ось вращения волчка займёт неподвижное положение в пространстве. В примере с волчком, вращающимся в гравитационном поле Земли, этого не произойдёт, поскольку вызывающее прецессию воздействие — комбинация гравитации Земли и давления поверхности стола — постоянно действует.

Полный цикл прецессии Земли происходит чуть меньше, чем за 26 000 лет. Согласно оккультным верованиям, примерно каждые 2 000 – 2 100 лет происходит смена астрологических эр, что означает, что на каждую эру действует новое «созвездие», а точнее, как мы с вами выяснили, меняется действующий на планете индекс пространственно-временного континуума[15]. Весь цикл движения Земли в рамках прецессии разбит на 30 градусов небесной долготы по эклиптической орбите Земли, образуя, таким образом, 12 примерно равных временных циклов. На основе того, к какому из созвездий Земля поворачивается своей максимальной поверхностью во время движения через точку весеннего равноденствия, определяется в какой эре мы находимся. Длительность эр распределяется неравномерно от 2000 до 2160 лет в связи с особенностями орбиты Земли, если не вдаваться в подробности. Для простоты и именно для простоты, а не для какого-либо эзотерического обоснования, я предлагаю продолжить их называть Эрами Льва, Тельца, Водолея, Рыб и т. п. После окончания цикла эр, который отсчитывается в противоположном от привычных знаков зодиака направлении, цикл начинается заново.

---

[15] *Простра́нство – вре́мя (простра́нственно – временно́й конти́нуум)* — физическая модель, дополняющая пространство равноправным временны́м измерением и таким образом создающая теоретико-физическую конструкцию, которая называется пространственно – временным континуумом. Пространство – время непрерывно и с математической точки зрения представляет собой многообразие с лоренцевой метрикой. В нерелятивистской классической механике использование Евклидова пространства, не зависящего от одномерного времени, вместо пространства – времени уместно, так как время рассматривается как всеобщее и неизменное, будучи независимым от состояния движения наблюдателя. В случае релятивистских моделей время не может быть отделено от трёх измерений пространства, потому что наблюдаемая скорость, с которой течёт время для объекта, зависит от его скорости относительно наблюдателя, а также от силы гравитационного поля, которое может замедлить течение времени.

Почему вообще нас могут интересовать контексты воздействия гравитации на Землю. Гравитация — это самая большая сила, которая воздействует на всех обитателей планеты, и именно она диктует общие стратегии поведения. Задумайтесь о том, что, например, механизм приливов и отливов в океане примерно такой: гравитационное поле Солнца вытягивает водяную линзу Земли, внутри которой планета поворачивается, таким образом понижая или повышая уровень воды в конкретной географической точке[16]. Продолжая дискуссию о важности гравитации во влиянии на климат, задумайтесь о том, что доказана и сравнительно неплохо исследована тесная связь океана с атмосферой, которая делает понимание поведения океана жизненно важным для прогнозирования погодных и климатических условий. Механизм этого влияния в упрощенном виде выглядит так: океан поглощает большую часть солнечной энергии[17] и с учетом того, что экваториальные зоны получают гораздо

---

[16] *Прили́в и отли́в* — периодические колебания уровня океана или моря, являющиеся результатом воздействия приливных сил Луны и Солнца, однако приливообразующая сила Луны в 2,17 раз больше приливообразующей силы Солнца, поэтому характеристики прилива в основном зависят от взаимного положения Луны и Земли.
Приливы и отливы вызывают изменения в высоте уровня моря, а также периодические течения, известные как прили́вные течения, делающие предсказание приливов важным для прибрежной навигации.

[17] Коэффициент поглощения солнечной энергии у океана и суши, разумеется, разный, однако ощущение общей картины могут дать такие факты: 71 % поверхности Земли занимает вода, а остальные 29 % состоят из континентов и островов. При этом, 96,5 % всей воды Земли содержится в океанах в виде соленой воды, а оставшиеся 3,5 % — это пресноводные озера и замерзшая вода, заключенная в ледниках и полярных ледяных шапках. При этом 69 % этой части пресной воды почти вся имеет форму льда.

больше солнечной энергии, чем приполярные, горизонтальные и вертикальные океанические течения аккумулируют и переносят эту энергию в виде тепла по всей планете.

Некоторые из этих течений, например, Гольфстрим[18], переносят тепло на тысячи километров, прежде чем передать его в атмосферу. Океан нагревается и передает тепло медленнее, чем суша, поэтому погода на побережье океана, как правило, более умеренная. Известный эффект распределения энергии — циклоны и шторма. Очевидно, что в связи с существенным изменением угла применения гравитации к поверхности земли, существенно же изменятся и климатические факторы. С учетом распределения суши и воды на планете влияние этих факторов может доходить до 70 % от общего влияния всех климатических факторов. Более того, около 90 % избыточного тепла, аккумулируемого на Земле в результате антропогенных выбросов углекислого газа, хранится в океане — только около 2,3 % нагревают атмосферу, а остальное тепло обеспечивает таяние льда и согревает сушу. Таким образом, состояние мирового океана непосредственно связано с климатом на планете и, в свою очередь, напрямую зависит от гравитации Солнца и Луны. Причем влияние Луны составляет 2/3, а влияние Солнца — 1/3, что связано с расстоянием до этих небесных тел до Земли.

---

[18] *Гольфстри́м* (от англ. *gulf stream* — течение из залива) — тёплое морское течение в Атлантическом океане. В узком смысле Гольфстримом называют течение вдоль восточного побережья Северной Америки от Флоридского пролива до Ньюфаундлендской банки (так оно, в частности, отмечается на географических картах). В широком смысле Гольфстримом часто называют систему тёплых течений в северной части Атлантического океана от Флориды до Скандинавского полуострова, Шпицбергена, Баренцева моря и Северного Ледовитого океана.

К некоторому моему удивлению, уже после окончания рукописи я обнаружил книгу, написанную еще в 1969 году[19], которая также обсуждала прецессию как главную причину социальных изменений, хотя и фокусировалась на древней истории.

Авторы предполагают, что прецессия была центральной концепцией во многих древних культурах и что она была закодирована в их мифах, символах и религиозных верованиях. Они утверждают, что прецессия рассматривалась как священный и мистический цикл, отражающий природу времени и Вселенной.

Авторы предполагают, что древние мифы и символы, такие как созвездия, использовались для представления прецессионного цикла. Они считали, что миф о созвездии Ориона[20], например, может быть представлением цикла прецессии, когда восход и заход Ориона отмечает начало и конец цикла.

По мнению авторов, прецессия сыграла важную роль в развитии астрономии и астрологии в древних культурах. Древние астрономы использовали прецессию для отслеживания движения звезд и планет,

---

[19] *«Мельница Гамлета»* — это книга Джорджио де Сантильяна и Герты фон Дехенд, в которой исследуется идея о том, что древние мифы и символы отражают знания об астрономических циклах, особенно о прецессии равноденствий.

[20] *Орио́н* (др.-греч. Ὠρίων). В древнегреческой мифологии — знаменитый охотник, отличавшийся необычайной красотой и таким ростом, что его иногда называли великаном. Однажды Зевс, Гермес и Посейдон (или Арес), а по Михаэлю Майеру (XVII век) — Феб-Аполлон, Вулкан и Гермес, посетили жителя Фив Гириея. Когда тот, после жертвоприношения быка и угощения богов, стал жаловаться на бездетность, гости потребовали шкуру жертвы. Когда хозяин принёс шкуру, они наполнили её мочой и велели закопать в землю. Через девять месяцев из неё появился Орион.

и эти знания помогали им в создании календарей и предсказании небесных событий.

Авторы также предполагают, что прецессия повлияла на строительство древних памятников и храмов. Они пишут, что многие древние сооружения, такие как Стоунхендж и Великая пирамида в Гизе, были связаны с астрономическими событиями, вызванными прецессией.

Древние знания о прецессии передавались из поколения в поколение астрономами и священниками и сыграли важную роль в развитии человеческой культуры и цивилизации. Они предполагают, что прецессия могла быть ключевым фактором в развитии религий и духовных верований тех времен и что она повлияла на то, как древние культуры рассматривали вселенную и свое место в ней.

В целом теория, представленная в «Мельнице Гамлета», предполагает, что прецессия была фундаментальной концепцией древней мифологии и культуры и оказала глубокое влияние на историю человечества.

Авторы считают, что прецессия сыграла роль в развитии астрономии, астрологии, религии и архитектуры и сформировала то, как древние культуры смотрели на окружающий мир. Хотя эта теория остается малоизвестной, она оказала значительное влияние на изучение древних мифов и символов и продолжает оставаться предметом обсуждения в академических кругах.

ПРЕДЫДУЩИЕ ЭРЫ

Мы находимся сейчас примерно в середине астрономического цикла эр и впереди у человечества примерно 13 000 лет до начала нового.

Кратко посмотрим на предыдущие эры:

Эра Льва
(примерно от 10 800 до н.э. до 8 600 до н.э.)

Характеризуется растущей индивидуальностью, выделением качественных личностных черт. Появляется желание становиться лидером и получать власть над другими. Жрецы, шаманы, священники — в примитивно организованных сообществах происходит выделение господствующих классов. Характеризуется прямой связью с природой, Вселенной, высшими мирами, Богом и сбалансированным, спокойным отношением к смерти.

Эра Рака
(примерно от 8 600 до н.э. до 6 500 до н.э.)

Образование домашних хозяйств, массовая постройка домов, семейные поселения как следующая ступень за общинным укладом жизни. Сельское хозяйство и фермерство. Обожествление Матери-Природы, женского начала и, собственно, женщины, и как следствие — матриархат. Культы животных как отражение божественного начала выступают как начальные религиозные формы.

Эра Близнецов
(примерно от 6 500 до н.э. до 4 000 до н.э.)

Время, когда первые поселения стали превращаться в подобие современных городов. Торговля, дорожные сообщения, понятие связей. Письменность перестает быть привилегией высших классов и постепенно входит в повседневный обиход. Появляются искусства, умения, ремесла. На замену интуиции на первое место выходит логика. Появляется собственный образ мышления.

Эра Тельца
(примерно от 4 000 до н.э. до 2 000 до н.э.)

Ирригация, новые методы в сельском хозяйстве. Массивные строения, отражающие саму суть сокровенного желания людей испытывать спокой-ствие и комфорт, которые для них символизировал Телец. Исследования природы и материальных аспек-тов благополучия. Связь с тонкими энергиями почти пропадает. Культ женщины как хранительницы ком-форта и безопасности.

Эра Овна
(примерно от 2 000 до н.э. до 0 н.э.)

Расцвет ранней эллинской культуры, а также ев-рейской и персидской. Спарта и культ мужской силы. Подавление женщины и уменьшение ее роли в обще-стве. Культ силы и культ сильного. «Око за око, зуб за зуб». Развитие металлургии.

Эра Рыб
(примерно от 0 н.э. до 2 000 н.э.)

Христианство. Символическое заклание агнца — прекращение эры Овна. Сострадание, культ священ-ного страдания, жертвенность ради других. Появ-ление исключительных образцов высокой культуры и искусства, подпитанные мистическим вдохновени-ем. Благотворительность, прощение, эмпатия и, как обратная сторона — крайние проявления жестоко-сти, насилие всех видов. Самообучение вере без под-тверждения существования божественного начала, слепая вера как крайность и манипуляции религия-ми. Виктимизация и мученичество, приведшее, тем не менее, к смягчению характера людей и выведшего сострадание в практику. Развитие связей с высшими мирами. Болезненный, но необходимый процесс.

Эра Водолея
(примерно от 2 000 н.э. до 4,000 н.э.)

Кратко, базовые характеристики эры. Обосно-ванные знания и Наука — ключевые факторы эры. Собственно, этот процесс начался еще 200 лет на-зад с индустриализации, механизации, постепенно переходя к высокотехнологической цивилизации. Высокий уровень эры Водолея характеризуется по сути развитием науки, что, по сути, является освобождением человечества для развития людьми талантов и личной индивидуальности как противопоставление борьбе за выживание. Но есть и низкий уровень, для понимания смысла которого нам может помочь лирическое отступление.

Теперь, в качестве лирического отступления, я расскажу каббалистическую притчу о человеке, который стремился познать мудрость из уст Авраама. Для этого этот каббалист направился в пустыню и постился, то есть, практически голодал в течение 40 дней для того, чтобы быть в состоянии поднять свой дух до уровня пророка[21]. Этот человек, достигнув значимых успехов в очищении своих клипот[22], сумел достичь больших высот, но не смог подняться на духовный уровень почившего пророка. Тогда он принял решение поститься еще 40 дней и был практически на грани жизни и смерти. В этом состоянии ему удалось на несколько секунд подняться на уровень пророка, но тот, кто был в медитациях высоко, знает, что ты можешь подняться на недостижимую для тебя обычно высоту на секунды, а потом тебя сбрасывает обратно. Зная это, человек попросил пророка сказать самое важное. Тот кивнул и ответил: «Там, где больше тьмы — там больше света». С этим странным, если не сказать причудливым

---

[21] *Авраам* (англ. *Avraham Avinu* или арам. (אבינו אברהם), «*наш Отец Авраам*», означающий как биологического прародителя евреев, так и духовного отца иудаизма.

[22] *Клипо́т* (англ. *Klipot*) Заимствовано из арам. множ. *Klipot* (*klipa*, единств.) переводится с Арамейского как «кожура», «шелуха» — означает метафизические барьеры между нами и Светом Творца, которые мы сотворили сами своими ограниченными эгоистичными действиями. Они не позволяют нам постоянно чувствовать себя счастливыми и уверенными в будущем.

ответом человек, вероятно, пошел полноценно завтракать впервые за 80 дней. При всем безумии ситуации, однако, давайте задумаемся: а где больше прибыль? Там, где безопасный бизнес, территория с установленными правилами или на новых территориях? Какие отношения надежнее? Те, что прошли в райских кущах или те, в которых партнер предпочел поставить свою жизнь на карту, чтобы защитить своего партнера? То-то же. Это и есть самый важный закон бытия. Но об этом позже. К этому уже известному понятию я могу добавить и свою короткую притчу: когда мне пришлось однажды умирать, я не слушающимися пальцами умудрился достать ручку и блокнот, и написал там криво, не касаясь обстоятельств своей гибели или виновных в ней, а вот только слово «Сердце!» с восклицательным знаком и, уже вылетая из сознания, подчеркнул это три раза. Мы еще обсудим, почему органу, качающему кровь, в традиции почти всех народов, приписывается мистическая способность принимать для его хозяина наиболее верные решения.

НИЗКИЙ УРОВЕНЬ ВОДОЛЕЯ

В целом, если вы экономите свое время, вы можете остановиться на вот этом предложении: низкий уровень эры Водолея представляет собой отрыв стремительно развивающегося разума от сердца. Слушайте сердце и это весь рецепт того, что нужно для счастья. Этот совет был я получил, когда мне было всего семь лет. Он был дан в книге одним французским писателем[23], но прошло 42 года прежде, чем я понял его смысл. «Зорко одно лишь сердце. Самого главного глазами не увидишь.» — писал Антуан де Сент Экзюпери.

На практическом уровне это означает деструктивное использование разума: агрессивный искусствен

---

[23] Антуан де Сент-Экзюпери. Маленький принц.»

ный интеллект в навязывании ненужных продуктов ради наживы, порабощение через бессмысленное потребление, развязывание войн с целью захвата территорий, сфер влияния, фашизм, коммунизм, корпоративизм, религиозный фанатизм и т. п). Развивая тему противостояния этому низкому уровню сознания, я вижу, как сама Природа нам помогает, давая неиссякаемые ресурсы геотермальной, солнечной энергии, энергии приливов, ветра, гравитации, открывает нам возможности телепортации, телепатии, ясновидения, а более того дружбы, сочувствия, обожаемой мной любви и ее высшей точки проявления — сострадания.

Так всем хорошо известная связь по крови будет все больше отмирать и переходить в братство по совместному мировоззрению. Это будет иметь один невероятно важный для мира контекст: глобализация, которая, замирая, притихла с учетом нарастающих военных конфликтов образца расцвета прошлой эры, перерастет с учетом помощи развитых стран небольшим и развивающимся, в правительство одной планеты. Для этого потребуется противостояние Востока и Запада, которое завершится на сравнительно коротком историческом горизонте в пятьсот лет. Однако, основные тренды будут ясны уже сейчас. Равный и справедливый доступ к ресурсам решит принципиальный вопрос глобализации.

Тема, поднятая Макиавелли в «Государе» и обсосанная фашистами многих поколений, остается в прошлом. Пока ее нелепость и тщетность видна еще только немногим, но посмотрите на то, как выглядят устоявшиеся тренды.

Во время написания этой книги я побывал в театре на спектакле «Федора» по трагедии Сенеки. Хорошие актеры привычно и великолепно играли берущую за душу трагедию.

Точнее: трагедию, которая должна брать за душу, но не берет больше, поскольку кажется откровенным бредом. В бронксовской Секшн Эйт — многоэтажке для малоимущих в одном из районов Нью-Йорка, таких трагедий — две в неделю. И сегодня все это уже ни о чем. А ведь еще несколько лет назад публика с замиранием сердца следила бы за финальным актом самоубийства главной героини. Но тренды изменились глобально. Они не меняются, а уже изменились — и вот, пожалуйста, налицо результат.

Стратегия «Разделяй и властвуй» уходит стремительно в небытие. Собственно, она уже ушла[24]. Диктаторы всего мира с ужасом наблюдали, как набирает силу интернет — весьма несовершенное средство массовой коммуникации. Забегая вперед, скажу, что впереди нас ждут более продвинутые средства всеобщей коммуникации, например, такие, как телепатия для связи между людьми или доступы в «мир идей». Этот мир известен с давних времен как *сфира Бина́* — один из 10 сфирот, как он трактуется в классической каббалистической теории[25]. Бина́ еще потому нам интересна для целей нашей книги, поскольку *Бина́* и ее парная сфира *Хохма́*, представляясь внешне противоположными, на самом деле являются неотделимыми

---

[24] Напишу мелким текстом о нападении фашистской России на крепнущую демократию Украины — настолько мелким кажется мне этот вопрос в контексте данной книги именно потому, что вопрос о будущем мира решен значительно более могущественными силами, чем самое тайное из могущественных обществ планеты — собственно, вопрос решен самой планетой.

[25] *Бина́* (арам. בינה; bīnāh; «Разум»; «Ум»; «Мысль») — в учении каббалы о происхождении миров является третьей из 10 объективных эманаций (прямые лучи божественного света) мироздания — так называемых «*сфирот*» или «*сефирот*» (мн. ч. от «*сефира*»), также «цифр» или «сфер», — первых излучений Божественной Сущности, которые в своей совокупности образуют космос.

друг от друга: *Хохма́* («Мудрость») — мужской, активный принцип; *Бина́* («Разум») — женский, пассивный. Вместе Хохма́ и Бина́ дают *Даат* («Познание»[26]). В одной из глав этой книги речь пойдет о том как на практическом уровне можно использовать информацию из обоих парных сфиротов для собственного материального блага.

Лично для меня очевидно, что завершением эры Водолея станет всеобщий и частный доступ всех людей к информации Вселенной, а также способность общаться друг с другом напрямую, без посредников. Это вызовет отказ от непосредственного взаимодействия с элитами и видоизменением самого понятия элит. Думаю, что в качестве промежуточного этапа произойдет оруэлловское[27] укрупнение государств до трех суперстран, но с учетом коммуникаций, роль элит будет постепенно становиться ролью интеллектуального лидерства человечества на этой планете. Это приведет к упрощению функции государства до сугубо административных. Строго говоря, перед принятием решения баллотироваться, будущий Президент планеты Земля на горизонте в 600 лет несколько раз подумает, насколько у него хватит сил потратить свою жизнь на вывоз мусора и обеспечение регенерации ресурсов. На более краткосрочном этапе, еще при нашей жизни,

---

[26] *Даат* (др.-евр. דעת; *«Познание»*) — контраст между субъективностью и объективностью находит своё разрешение в «познании».

[27] *Джордж О́руэлл* (англ. *George Orwell*, настоящее имя Эрик Артур Блэр, англ. Eric Arthur Blair; 25 июня 1903, Мотихари, Британская Индия — 21 января 1950, Лондон, Великобритания) — британский писатель, журналист и литературный критик, радиоведущий, автор мемуаров, публицист. Его работы отличаются простым стилем изложения, критикой тоталитаризма и поддержкой демократического социализма. Самые известные работы Оруэлла — сатирическая повесть «Скотный двор» (1945) и роман-антиутопия «1984» (1948).

после сингулярности роботизации 2029 – 2030 гг. наши креативные способности будут покупаться городами, которые будут использовать наше время или, точнее, жизнь для локального развития, оплачивая нам комфортное пребывание. Но до этого придется пройти противостояние Льва и Дракона, как известно. И вот в эти интересные и одновременно благословенные времена доводится жить нам и нашим потомкам.

ВЛИЯНИЕ ЭЛЕМЕНТОВ

Эта часть критически важна, так как она дает нам возможность изучить контекст перехода в новую эру, иначе сам факт такого перехода станет для нас еще одной пестрой оберткой истории, которую мы должны будем изучать после того, как события произошли. Нам же критически важно знать, что будет до события, желательно со значительным упреждением, позволяющим адекватно подготовиться. Для этого нам помогут элементы. Еще раз для тех, кто пропустил первые несколько страниц: элементы — лишь условное название тех аспектов, которые вызывают влияние на архетипы[28] поведения людей под воздействием гравитации, которая проявляется в виде совокупности времени и пространства и наоборот[29].

---

[28] *Карл Густав Юнг* (нем. *Carl Gustav Jung* [ˈkarl ˈɡʊstaf ˈjʊŋ]; 26 июля 1875, Кесвиль, Тургау, Швейцария — 6 июня 1961, Кюснахт, кантон Цюрих, Швейцария) — швейцарский психиатр и педагог, основоположник одного из направлений глубинной психологии — аналитической психологии.
Учёный определил 12 архетипов личности: «герой» (The Hero), «простодушный» (The Innocent), «искатель» (The Explorer), «творец» (The Creator), «славный малый» (The Regular Guy), «любовник» (The Lover), «правитель» (The Ruler), «заботливый» (The Caregiver), «мудрец» (The Sage), «бунтарь» (The Destroyer), «маг» (The Magician), «шут» (The Jester).

[29] Этой части моей гипотезы я думаю, стоит посвятить отдельную книгу.

Но архетипы Юнга — это не конец, а только самое начало, кончик темы. Существуют и базовые архетипы поведения людей. Исключительно для удобства и простоты я оставляю их в терминологии астрологии — это удобно и просто к применению.

4 элемента с исключительными свойствами соответствуют временным отрезкам, выделенным на оси прецессии планеты Земля таким образом:
Огонь — Овен, Лев, Стрелец
Земля — Телец, Дева, Козерог
Воздух — Близнецы, Весы, Водолей
Вода — Рак, Скорпион, Рыбы

Доминантный элемент меняется каждые двести лет. Несколько лет назад доминантный элемент изменился от земли к воздуху. Рассмотрим сначала характеристики обоих, а затем кратко пройдемся и по остальным.

Примерно с 1802 года основным элементом была земля, но с конца декабря 2020 года, элементы поменялись. Уже сейчас миром правит не земля, а ветер. И так будет продолжаться на протяжении ближайших двухсот с лишним лет. Повторяю, что я употребляю эти термины астрологического фэншуя только для удобства. По сути, путем наблюдений в тысячи лет, люди установили некоторые характерные черты влияния окружающей среды — в основном, гравитации — проявляющей прямое действие времени и пространства[30],

---

[30] Это соотношение или, скажем, индекс прямого влияния гравитации, является отдельным предметом изучения науки.
Этот контекст впервые предсказан Альбертом Эйнштейном в рамках проекта Гуттенберг (Einstein, A. Relativity: the Special and General Theory by Albert Einstein. Выражаю благодарность проекту Гуттенберг Project Gutenberg за доступ к оригиналу работы, но хочу также заметить, что отдельно этот аспект гравитации был изучен в тестах общей относительности в попытке

на общие нормы поведения и характер социума. Моя личная гипотеза состоит в том, что сетчатая матрица антиматерии[31] приобретает устойчивую деформацию под влиянием специфического гравитационного поля, что объективно влияет на все аспекты существования биологической материи через скорость и податливость материи к изменениям. Контекст касается в первую очередь наиболее высокоорганизованных тканей головного мозга, что приводит к его принципиально иной функциональной нагрузке. Мы должны это ощущать в огромном количестве аспектов. Наиболее ярко, однако, эта нагрузка заметна в призме матрицы собственных интересов или, иными словами, проявлениях «эго». Если мы продолжим линию рассуждений, то окажемся перед практическими способами корректировки эго при общении со Вселенной, Высшим Я или Богом, как бы этот контекст ни был назван.

Краткие характеристики земли как элемента: жесткая вертикальная иерархия, потребительство, примат материальных ценностей. При переходе к новой эре все меньше важности будет придаваться этим явлениям в пользу входящих в силу интеллекту, информации и сотрудничеству. Креативность

найти опытное основание для теории общей относительности. Собственно, первые три теста провел сам Эйнштейн, доказавший аномальную прецессию перигея Меркурия, а что значительно более важно, отклонение света (!) в гравитационных полях.

[31] Хочу подчеркнуть, что я не имею в виду теорию чрезвычайно редкое зеркальное антивещество Ледермана – Прокошкина. Речь идет о смысле, который вкладывал в это понятие Эйнштейн — отсутствующее вещество между регулярными частями атома. Так, если представить себе, что протон в атоме размером с футбольный мяч, то электрон — размером с булавочную головку и он вращается с огромной скоростью вокруг протона на расстояние футбольного поля. Это и создание плотность вещества. Все сущее, таким образом, это вибрация.

и коммуникация становятся самой главной валютой, при этом одновременный отход от контекста материальных ценностей будет восприниматься абсолютно естественным[32].

В практическом смысле, эра Водолея, в совокупности с воздушным периодом, принесет — и уже активно приносит — фокус рационального мышления в контексте интеллектуального развития, причем практически на всех уровнях восприятия. Этот процесс уже начался, и он отчетливо различим во все более проявляющемся примате умственных ценностей над акцентами веры и церкви как ее частного проявления, а также эмоциональной озабоченности эры Рыб.

Контексты, связанные с повторяемостью циклов элементов.

Вы никогда не задумывались, почему одни исторические контексты нам кажутся, порой, пронизанными вековой мудростью и в то же время такими, словно могли бы быть написаны сегодня или даже, скорее, завтра? А другие кажутся нам исключительным бредом? Вечером перед шаббатом, благоверные евреи готовятся совершить киддуш и читают псалом Давида — изумительную по своей силе формулу общения с Богом, рождающую в душе необыкновенную отвагу и передающий могучую мудрость Создателя[33].

---

[32] Если в это трудно поверить, то подумайте о том, что контекст этих самых материальных ценностей представляет лишь только желание или отсутствие желания людей вам что-то дать ли предоставить услугу или позволить вам самому сделать.

[33] Господь — пастырь мой; ни в чем не будет у меня недостатка. На роскошных лугах даст мне отдохнуть, будет приводить меня к спокойным водам, душу мою успокоит Он; поведет меня прямыми путями ради Имени Своего. Даже если буду я проходить ущельем в могильной тьме — не устрашусь зла, ибо Ты со мною. Наставление Твое и поддержка Твоя утешат меня. Накроешь Ты предо мною стол на виду у врагов моих, умастишь мою голову елеем, полной будет чаша моя. Пусть лишь добро

Однако прямо перед этим предлагается узнать как выглядит отличная жена. Выясняется, что это женщина, которая встает, пока все дома спят. Она всех накормит, напоит, оденет, найдет на это средства, будет заниматься торговлей и девелопментом, скотоводством и ткачеством, будет следить за детьми и ублажать мужа кроткостью. И «лампа ее не будет гаснуть даже ночью». Супругу же в это время предлагается сидеть со старшими у ворот и, вероятно, думать о главном. Впрочем, даже такой обязанности там не описано. Очевидно, что божественная мудрость Псалма Давида диссонирует с явным смысловым дисбалансом описания отличной жены, более подходящему для описания рабыни времен ранней античности. Отчего же так? А вот отчего: элементы повторяются по три раза во время цикла прецессии, как и сами циклы прецессии повторяются каждые 26 000 лет. Это происходит, как мы помним, с постепенными промежуточными циклами, разделяемыми сингулярностями — скачками по накопленной энергии изменений. Другими словами, каждые 800 лет эта часть, явно позднее дописанная под требование времени, будет иметь некоторый смысл, а три раза на горизонтах 24 – 26 тысяч лет, она будет иметь смысл божественной мудрости.

Эта мысль, будучи написанной, заставила меня трепетать от ощущения прикосновения к вселенскому детерминизму[34].

Другими словами, элементы повторяют себя в цикле прецессии по три раза и к моменту написания этой книги действия условного элемента «воздух» только

и любовь сопровождают меня во все дни жизни моей, и буду находиться я в храме Господа долгие годы.

[34] Забегая за пределы наших жизней, хочу порадоваться тому, как я / мы, разум, который стоит за нами, великолепны / великолепен.

началось. Для того, чтобы это проиллюстрировать, мы последовательно рассмотрим все три знака воздуха — это Близнецы, Весы и Водолей. Нам будет это важно именно из-за последовательного характера отличительных черт каждого из знаков: каждый из них работает над коммуникациями. Близнецы выражают свою сущность через бытовое общение и обыденные формы коммуникаций, в то время как Весы стремятся к более широкому и неперсонализированному общению с широкими группами людей в рамках контекстов общесоциальной важности. В качестве примера, можно себе представить учителя в классе.

Водолей, однако, выражает свою природу наиболее безличным способом, насколько это возможно, например, обращаясь не просто к большому количеству лиц, а вообще не определяя круг лиц. Для этих целей, Водолей углубляется в наиболее абстрактные концепции, часто не имеющие прикладного применения, но позволяющего установить общие законы, которые имеют глобальный характер. В качестве примера такого человека можно привести ученого, который занимается теоретической физикой и популяризующего научные знания через телевизионные передачи и интернет. Эти люди решают задачи коммуникаций, имеющий глобальный характер. Разумеется, это не может не повлечь самые разнообразные изменения в человеческой морали. Так, например, представьте себе какие трансформации ожидают авторское право в связи с изменениями контекстных задач и росту интереса человечества к распространению. И этот интерес будет больше сфокусирован на интеллектуальную: а не на чувственную информацию[35].

---

[35] Не отрываясь от текста книги я хочу привлечь внимание читателя к невероятно важному контексту тренда будущего: речь идет о сугубо интеллектуальной составляющей; чувственная

Переход от земного к воздушному отчетливо проявляется в популярности компаний, миссия которых имеет характер глобальной пользы для человечества[36], а равным образом и популярности кинофильмов[37], шоу и т. п., имеющих космический, глобальный контекст[38]. У меня есть плохие новости для защитников «традиционных ценностей», пытающихся, все с меньшим успехом, насадить правила поведения времен эры Рыб — от запретов абортов до клубных правил «для своих» в бизнесе. Выбор эпохи Водолея — в наличии ежесекундного здравого смысла: фраза

составляющая эры Рыб будет выветриваться следующие 500 лет самым активным образом.

[36] Компания Тесла имеет следующую миссию: создание мира, деятельность которого осуществляется при помощи электрической энергии, работающий на батареях и транспортируемый посредством электрических автомобилей.

[37] Один из неожиданных фильмов для меня был снят еще на самой заре активной части перехода между эрами — это Flight, где Дэнзел Вашингтон изумительно сыграл алкоголика пилота, сумевшего в состоянии 0,17 промилее — состоянии, когда человек теряет способность осознанно двигаться, экстренно посадить свой пассажирский авиалайнер в чистом поле. Разумеется, имеет смысл упомянуть предтечу нового мира, Fear and Loathing in Las Vegas — культовый фильм, где зависимость — это самостоятельный персонаж, достойный отдельного изучения. Картина изумительно снята еще в 1998 году по сценарию, написанному Хантером Томсоном еще в 70-е. Тогда, несмотря на строжайшие запреты, которые потому и были так строги оттого, что новый наркотик вдруг за три года выкашивал все мужское население Alphabet city — района в Манхэттэне — почище, чем война во Вьетнаме. И потому, что именно в эпоху Рыб у общества не было никакого иммунитета от зависимости. Но вот зависимость превратилась в дымку и снова стала маргинальной — и марихуана продается в том же Нью Йорке в чистеньких магазинчиках, стилизованных под кофейни с редкими одинокими покупателями.

[38] Звездные Войны, Стартрек, Космическая Одиссея и другие — пионеры стремления человечества к звездам.

«так исторически сложилось» в наступившую эпоху будет приговором для произносящего эти слова.

При этом, еще довольно долгое время будут существовать гибриды двух эр, от он-лайн проповедей до виртуальных клубов, и при всей очевидной разумности мирного перехода между эпохами, некоторые парадигмы будут иметь непримиримый характер. То же право на аборты, при полной, казалось бы, очевидной узости контекста, проходит по центру водораздела между двумя эпохами, равно как и тоталитаризм, с его вертикальной системой подавления выражения свободы и проявления личности через интеллект.

Прорывным авангардом новой эры послужило взятие Бастилии в Париже[39]. Именно в разрушении самого символа всевластия короля тонкие к вибрациям изменений в мире французы[40], которые одновременно известны и своей практичностью тоже, предпочли именно таким образом выразить презрение к символам и бессилию старого мира.

Анекдотичным примером всех проявлений бессилия сразу может служить разлагающаяся так называемая российская империя, а точнее Большая Орда[41],

---

[39] *Взятие Бастилии* (фр. *Prise de la Bastille*) — один из центральных эпизодов Великой французской революции, штурм крепости-тюрьмы Бастилия 14 июля 1789 года. Крепость построена в 1382 году. Она должна была служить укреплением на подступах к столице. Вскоре она стала выполнять функции тюрьмы, преимущественно для политических заключённых. За 400 лет среди узников Бастилии было немало знаменитых личностей. Для многих поколений французов крепость была символом всевластия королей.

[40] Я предлагаю читателю выделить этот момент и уже после прочтения всей книги задуматься, почему французы так хорошо реагируют на тонкие вибрации изменения в мире.

[41] *Большая Орда* (тат. *Олы Урда*, *Великая Орда*) — термин, используемый в средневековых источниках и современной

которую иногда неверно называют Золотой Ордой, погибшая окончательно примерно в 16 веке и несколько десятков лет подряд возрождающаяся на несколько десятилетий в виде разлагающегося голема, обреченного на нежизнь[42]. Главный аспект возрождения голема состоит в его деградирующей цикличности по сравнению с другим миром, что определенно соответствует контекстным изменениям планетарного масштаба.

Старый мир эпохи Рыб. Противовесом таким объективным сильным качествам Рыб, как сострадание, являются различной формы зависимости, в первую очередь, алкогольная и наркотическая, проявляющихся как способ сбежать или, другими словами, избежать реальности[43]. Показательно, что даже символ борьбы с алкогольной зависимостью в США — Общество Анонимных Алкоголиков — несет в себе основной посыл эры Водолея — отказ от индивидуализма в пользу неопределенных бенефициаров общества[44].

историографии для обозначения татарского ханства, являвшегося остатком Золотой Орды (улуса Джучи), а после отделения от неё, в середине XV века, и других ханств, например Казанского (1438 год), Крымского (1441 год), Ногайской Орды (1440 год). Современники Большой Орды её никак от Золотой Орды не отделяли, а ханы считали себя верховными правителями в пределах всех татарских государств бывшего улуса Джучи. Территория Большой Орды включала земли между Доном и Волгой, Нижнее Поволжье и степи Северного Кавказа.

[42] «Ещё один день… и ещё одна ночь.
И кажется, больше мне не превозмочь.
Не выдержать тяжести небытия,
И однообразия нежития»

[43] Одним из примеров переходного периода можно назвать переезд пилигримов — людей, спасающихся от жестких религиозных норм — в Америку, что, однако, содержит в себе элементы эскапизма, свойственного предыдущей эпохе.

[44] Строго говоря, ОАА — еще один гибрид двух граничащих эпох, который использует божественный контекст "Let Go and Let

Другой деструктивный контекст Рыб — разрушительный материализм, проявляющийся в виде мазохизма, чувства вины, пропаганды, догматизма, нетерпимости и слепой веры.

Эти проявления просочились даже в науку, в первую очередь через космологические теории и различные гипотезы, которые мы не имеем возможности изучить с достаточной долей достоверности. Захватывающая, хотя пока и очень туманная теория струн уже ощутила на себе подобное деструктивное влияние.

В новом мире Водолея нам придется вплотную столкнуться с союзами противоположностей и прямой конфронтации со злом: никому больше не получится принимать его как белое и черное, сосуществующее совместно. Это будет большим откровением для сторонников *реалполитик*[45] — постепенно из моды выйдут последние мастодонты, и молодые общественные лидеры уже не рискнут опираться на малограмотных маргиналов.

Контекст нового элемента — воздуха — ставит во главу угла рациональность мышления, которая отличается от реалполитик тем, что, мысля

God". Как они сами объясняют, это необходимость признать свои ошибки перед высшей силой, что отвечает контексту эпохи Рыб, а сам контекст анонимности — центральный аспект в эпохе Водолея.

[45] *Реа́льная поли́тика* (нем. *Realpolitik*; в русскоязычных текстах часто используется без перевода (Realpolitik) либо в виде транслитерации — Реалполити́к) — вид государственного политического курса, который был введён и осуществлялся Бисмарком и был назван по аналогии с понятием, предложенным Людвигом фон Рохау (1853).
Сущность такого курса — отказ от использования любой идеологии в качестве основы государственного курса. Такая политика исходит прежде всего из практических соображений, а не идеологических или моральных.

рационально, вполне можно и даже до́лжно применять крайние меры, включая самую жесткую силу, в то время как реалполитик — это псевдо-интеллигентская импотенция перед очередным мелким трусливым бандитом. Отчего становится даже еще глупее ему сдаваться.

На объектном плане во время эры Водолея главным социальным спором становится спор между демократией и фашизмом.

Компромиссы здесь совершенно неуместны, а человеку, который думает иначе, имеет смысл вспомнить о Холокосте как квинтэссенции эталонного фашизма в мировой политике, причем вспомнить именно в широком смысле[46] и вполне в духе знаменитого высказывания Мартина Нимёллера[47].

---

[46] *Холоко́ст* (из др.-греч. ὁλοκαύστος — «всесожжение», англ. *holocaust*):

В узком смысле (также *Катастрофа европейского еврейства*, *Шоа*) — преследование и массовое уничтожение евреев, живших в Германии, на территории её союзников и на оккупированных ими территориях во время Второй мировой войны; систематичное преследование и уничтожение европейских евреев нацистской Германией и коллаборационистами на протяжении 1933 – 1945 годов. Наряду с геноцидом армян в Османской империи является одним из самых известных примеров геноцида в XX веке.

В широком смысле — преследование и массовое уничтожение нацистами представителей различных этнических и социальных групп (советских военнопленных, поляков, евреев, цыган, гомосексуальных мужчин, масонов, безнадёжно больных и инвалидов и др.) в период существования гитлеровской Германии.

[47] *«Когда они пришли…»* — цитата из выступлений немецкого пастора Мартина Нимёллера, которой он пытался объяснить бездействие немецких интеллектуалов и их непротивление нацистам.

ОСНОВЫ НОВОЙ ЭТИКИ БИЗНЕСА

Как однажды сказал Сэнди Пенни, знак Водолея включает 5 элементов[48]:
- Коммуникация;
- Креативность;
- Кооперация;
- Сострадание;
- Общество

В то время, как знак Рыб включает в себя иерархию, структурированность, власть через контроль и подчинение, глубокие эмоции и другие формы — от зависимостей наркотических до эмоциональных зависимостей в отношениях. Все эти настоявшиеся адские любовные треугольники[49] не имеют будущего. Исключительно важно понимать, что устоявшиеся абъюзивные связи на всех уровнях, от семейных отношений до социальных связей в тоталитарных государствах, будут разрушены самим прецессионным изменением гравитации планеты.

Спорить с этим абсолютно бесполезно: в следующий раз мир будет похожим примерно через 25 тысяч лет. Поклонники традиционализма могут заморозить себя в надежде, что их воскресят через 12 прецессионных циклов.

---

[48] Известное высказывание Сэнди Пэнни (Sandy Penny) в оригинале звучит так: "the sign of Aquarius includes what I call the 5 Cs: Communication, Cooperation, Creativity, Compassion and Community."

[49] *Треуго́льник Ка́рпмана* (англ. *Karpman drama triangle*), также *драмати́ческий треуго́льник* (*Drama Triangle*), *треуго́льник судьбы́* — это психологическая и социальная модель взаимодействия между людьми в трансакционном анализе, впервые описанная Стивеном Карпманом (Stephen Karpman) в 1968 году в его статье Fairy Tales and Script Drama Analysis. Эту модель используют для лечения пациентов в психологии и психотерапии.

Эра Водолея подразумевает переход от иерархических и даже кровных связей к меритократии и, как следствие, партнерству, основанному исключительно на справедливой оценке стоимости, создаваемой каждым участником. Интернет, этот примитивный символ безграничной коммуникации, сменится более совершенными формами общения людей. Здесь варианты практически неисчерпаемы — от массового развития способностей общаться телепатически до новых форм обмена информацией в бизнесе — таких, как замены таблиц состояния эквивалентов стоимости — банковских счетов, исключая ненужного, бессмысленного и дорогого посредника, —собственно, банк.

Понимание того, что разрушение иерархических связей и структур происходит исключительно за счет отживших свое вертикальных структур, не соответствующих новым реалиям и не создающих пропорциональной прибавочной стоимости[50], поможет новым людям избежать ненужной потери ресурса. Хотя, несмотря на откровенный позитив для человечества этих новых реалий свободного партнерства, такой процесс может быть весьма болезненным. Новым людям нужно быть готовым к активному сопротивлению разлагающихся монстров. Впрочем, от опасности, которая неизбежно грозит, есть одно лекарство — *честность*. Но об этом далее в книге.

---

[50] Во избежание сомнений, такие вертикальные структуры продолжают сейчас существовать по моему мнению исключительно в связи с тем, что они все еще создают питательную среду для новых форм общественного устройства, но вскоре смысл в них в их нынешнем виде полностью пропадет. Одним из примеров таких структур станет армия чиновников, которых заменит искусственный интеллект, а другим — банки, которые заменятся прямыми расчетами и прямым кредитованием. Нефтяные, газовые компании перепрофилируются на возобновляемую энергию или будут принудительно распущены.

В целом, глобальный переход в эру Водолея рождает некоторые непосредственные тренды, из которых можно выделить, допуская, впрочем определенную условность, в три основных группы. Отдельно замечу, что поступательное развитие происходит именно в приведенной ниже последовательности:

1. Роботизация;
2. Инновации;
3. Гуманитарные идеалы.

Условность эта состоит в том, что все три тренда трудно рассматривать с точки зрения текущего развития сознания. Например, безусловный доход не воспринимается значительной частью общества как хорошая идея, с чем лично я совершенно согласен, поскольку хлеб стыда[51] никто не отменял. Однако, новые тренды диктуют приоритеты в распределении внимания и, всех выделяемых на пирамиду Маслоу[52] ресурсов. Это означает, что в контексте грядущих и уже происходящих изменений нам

---

[51] *Хлеб стыда* (ивр. בושה של לחם) — здесь в узком смысле — позор от получения бесплатного подарка тем, кто его не заслуживает. В этой книге много внимания будет уделено этому понятию, но в данном, узком смысле, речь идет о концепции призвания человечества к устранению Хлеба Стыда в стремлении стать Творцом «по образу Божию».

[52] Пирами́да потребностей — общеупотребительное название иерархической модели потребностей человека, представляющей собой упрощённое изложение идей американского психолога Абрахама Маслоу. Ступени (снизу вверх):
1. Физиологические потребности;
2. Потребность в безопасности;
3. Потребность в любви / принадлежность к чему-либо;
4. Потребность в уважении;
5. Потребность в познании;
6. Эстетические потребности;
7. Потребность в самоактуализации.

придется построить архитектуру нашего общества вокруг этих трендов, забывая об их несовершенстве по сравнению с абстрактным эталоном развития.

Роботизация. Изменение социальной роли человека от средства производства до дизайнера и учителя. Это две основные работы уже в ближайшем будущем[53]. Коллективность против индивидуальности. **Инновации.** Прогресс и время научных открытий. Возобновляемая энергия. Уменьшение власти религиозных догм, падение фашистских обществ и разрушение контекстов, основанных на злоупотреблениях. **Гуманитарные идеалы.** Сосуществование и братство народов. Отказ от власти тайных сообществ и сакральных контекстов. Транспарентность и публичный обмен информацией.

В качестве лирического отступления. В Нью-Йорке с его, мягко скажем, весьма непростой ситуацией с парковкой, более 7 000 церквей, синагог, мечетей и других объектов различных религиозных культов, служители которых имеют некоторые преференции в этом чувствительном вопросе. Надеятся на то, что клерики будут действовать в контексте тех учений, которые они проповедуют, и откажутся от своих неоправданных и непропорциональных привилегий, как показывает история, не приходится. Остается только рассчитывать на общественное давление, наличие которого в объективно осязаемых объемах будет надежным показателем начала активной фазы изменения

Причём последние три уровня: «познание», «эстетические» и «самоактуализация» в общем случае называют «Потребностью в самовыражении» (Потребность в личностном росте).

[53] Останется также различные виды ремесла как интегрированного производства, а также предпринимательство, а наиболее ценным станут искусство и наука.

общественного сознания в новой эпохе сознания в части изменения роли религий в жизни человека[54].

ВЕРТИКАЛЬНАЯ СИСТЕМА УПРАВЛЕНИЯ ЭПОХИ РЫБ ПРОТИВ ГОРИЗОНТАЛЬНОЙ СИСТЕМЫ ЭПОХИ ВОДОЛЕЯ

В настоящее время интернет, ставший настоящим проклятьем для современных диктаторов, несмотря на все его многочисленные недостатки, представляет собой удивительный пример системы горизонтальных связей и он, разумеется, принадлежит к эре Водолея. Вертикальные иерархические связи представляют собой рудименты старого отмирающего мира. Этот процесс получит дополнительные стимулы в связи с развитием технологий, которые противоборствуют ограничениям в области коммуникаций. Эра Рыб с ее главными атрибутами в виде денег, власти, иерархичных структур и жесткого контроля над выбором человека, создала вертикальные иерархические структуры. Эта эпоха уходит в небытие. В эпоху Водолея энергия внимания переходит на вопросы равенства и партнерства.

Так, например, вопрос лидерства в бизнес-проектах из первостепенного уходит на задний план, поднимая важность командной работы. Именно в связи с этим, вопросы псевдолидерства обнажаются сейчас по всей планете именно таким, совершенно

---

[54] Поскольку этот вопрос, уже, вероятно, возник у читателя, скажу сразу: я не атеист по той простой причине, что однажды у меня был случай увидеть Б-га. Не совсем всего Б-га, но тем не менее, лично мне поверить (а ведь именно эту религию проповедуют атеисты) в его отсутствие не представляется никакой объективной возможности. Это, однако, никак не меняет мое глубокое убеждение о том, что для диалога с Б-гом не нужны абсолютно никакие посредники. Это притом, что аспект диалога с Б-гом — вообще неочевиден для меня в контексте необходимости.

гротескным образом. Диктаторы стали несмешными клоунами, а бывшие ковёрные становятся истинными лидерами, растаптывающими свое эго ради блага благодарного человечества. И все это происходит на фоне рассыпающихся в прах систем хранения секретов всех уровней. Наступают благословенные времена настоящего равенства человечества!

ТЕХНОЛОГИИ В ЭРУ ВОДОЛЕЯ

Развитие технологий не является самостоятельной целью эпохи Водолея, но дополняет движение социума в сторону поиска и обмена найденной информацией, а также общей демократизации мирового устройства. Предположить, что развитие технологий не сопровождало соответствующую либерализацию общества, означало бы, как минимум, порабощение агрессивной и отсталой частью социума его наиболее развитой, прогрессивной части. Это, в свою очередь, сопровождается неизбежно упадком науки и циклической деградацией общества. Примером может быть Китай, который за 500 лет исторического развития в подобных условиях тоталитаризма превратился из самого политически, экономически и социально развитого государства в отсталую территорию, которая не смогла без практически стихийного гражданского восстания предотвратить контроль со стороны третьих государств над своими территориями[55].

Разумеется, технологии блокчейн как один из теперь хрестоматийных примеров инициативы, исходящей из самого конца цепочки контроля и криптовалюты, как

---

[55] *Опиумные войны* — военные конфликты на территории Китая в XIX веке между западными державами и Империей Цин. Одной из основных причин военных действий были разногласия об импорте, в первую очередь, опиумного сырца и опиума в Китай, который буквально испытывал эпидемию наркомании. Отсюда войны и получили своё название.

их частное применение, сначала составят инвестиционную конкуренцию товарным активам. Но только временно, поскольку, они являются таковыми исключительно в связи с чудовищным несовершенством и диспропорциями в банковском бизнесе — не просто исторически сложившимися, а продуманно созданными и старательно поддерживающимися фрондой ленивых, недальновидных, хотя и хитрых и одновременно детерминированных стариков всех возрастов, наделенных той особой силой, которой дает отчаянное желание ничего совершенно не делать, но при этом получать все блага мира с обязательным и объективно ненужным им избытком[56]. В будущем банки займут свою достойную нишу среди ушедшей в небытие индустрии по татуировке рабов тавром хозяина и ремонтом разбитой столовой посуды. Технология блокчейн как абсолютный эквивалент демократического государственного устройства в индустрии финансов, без сомнения, продолжит свое движение по планете и будет раскрывать возможности мира для всех в равной мере. В финансовой сфере эта технология, безо всяких сомнений, принесет освобождение эквивалента стоимости и средства обращения, отобрав их у построивших все свое благосостояние на изъятии добавленной стоимости при обращении денег, вертикально интегрированных и приросших к государственной архитектуре финансовых групп. Это освободит ресурс, производимый человечеством, для инвестирования в венчурные технологии и, соответственно, для дальнейшего углубления тренда на инновации.

Старики эти, о которых я писал выше, с одной стороны, научены поколениями успешных стратегий поведения, которые рождали социальные диспропорции

---

[56] Излишнее накопление само по себе является одной из форм страха за будущее, или, другими словами, боязни того, что что мир несовершенен. Но мир — совершенен!

колоссальных размеров, вполне удачно трансформируемые по пищевой цепочке в развивающиеся страны. С другой стороны, у них есть вживленное в сознание поколениями похожих бездельников, зачастую их родителей, желание обеспечить себе экономическую безопасность любой ценой при, повторяю, полном отказе от труда собственного развития. В качестве оправдания диспропорции старательно создаются специальные теории расового, национального, социального превосходства, эта тема подхватывается и ведущими бизнес-школами планеты, которые обучают мир не этике ведения бизнеса, а задают тренды в манипулировании ценами и ограничением конкуренции.

С развитием технологий коммуникаций, а равно и упрощением передвижения, процесс манипулирования группами людей становится все более сложным из-за постоянных и неминуемых разрывов цепочек контроля, которые до этого существовали веками в виде объективно несправедливой сегрегации, основанной, например, на гендерных, расовых, социальных и других различиях, банковского и страхового скоринга, лицензирования производства продуктов питания, организации транспортировки и других, по сути, разновидностях фашизма.

В наступившей эре все эти цепочки подвергаются абсолютно беспрецедентному давлению со стороны новых технологий и, главное, принципов, по которым люди хотят жить дальше. В целом, надо отдавать себе отчет в том, что запрос на наличие той или иной технологии приходит от людей. Если бы не страдания людей в странах с фашистской идеологией и странах, которых диктатуры пытаются захватить, то невероятно забавным показались бы стенания фюреров всех мастей об открытой интернетом архитектуре коммуникаций. Но, как известно, диктаторы никогда не хотят страдать одни, — без народов, которых они узурпировали. Так отчетливо становится видно, что они — просто еще одна разновидность лузеров, которые не смогли найти свой собственный путь в жизни и предпочли украсть чужие мечты в качестве собственного жизненного плана.

Работа и ее понятие изменилось: постоянная работа больше не является ни правилом, не необходимостью

Социум все более толерантен к стремлению людей развивать таланты и самореализовываться. Цель выживания больше не является главным основанием для выбора рода занятий. Общий тренд состоит в том, что люди становятся все более независимыми от больших корпораций. Венчуры станут привычным делом практически для всех людей мира. Географическое неравенство заработков будет продолжать уменьшаться.

Социальные сети — это признак развивающегося общества Водолея

Среди целей Водолея — освобождение и свобода через проявление интеллекта и развитие знаний, раскрывающих таланты людей. Как я писал выше, для Водолея характерна поддержка неопределенного круга лиц, не ограниченного пределами страты, расы, национальности, пола и т. п. Одна из центральных ценностей Водолея состоит в уважении уникальности каждого человека, его талантов, возможностей и интеллекта. Все это позволит социальным сетям выполнять принципиально новые задачи для принесения пользы всему человечеству.

Концентрация на интересах общества в противовес интересам групп

Никакие системы, которые были созданы для обслуживания интересов узкой прослойки общества, а не всего общества в целом, в эру Водолея больше не будут в тренде.

Меньше концентрации на власти и деньгах

Выходит из тренда концентрация на деньгах и власти в пользу распределения знаний, полезных для всего человечества. Приходит тренд признания права на жизнь, развития талантов и обществ разных форм самоорганизации. Ключевой критерий для толерантности к подобным обществам состоит в признании их внутренних способностей.

Предстоящие потрясения

Переход от эры Рыб к эре Водолея предполагает перераспределение ресурсов, власти и изменение экономических интересов. Такой переход представляет собой постепенное наступление на мироустройство предыдущей эры, что влечет за собой ослабление системы. Согласно второму закону термодинамики энтропия замкнутых систем не может уменьшаться. Это, в свою очередь, означает, что миру придется пережить развитие хаоса во всех подобных системах с их последующим коллапсом. Эра Водолея — это наше открытие истинных себя и осознание потребностей души, которое приведет к неизбежному переосмыслению ценностей и принципов, и, соответственно, образа жизни. О том, какие принципы будут важны в жизни человечества, следующие 2 000 лет обратимся к опыту средневековой Японии.

Написанное ниже — принципы, которые помогут вам выжить и не потерять в себе человека.

Оставайтесь с нами — эта книга может изменить вашу жизнь так же, как она изменила мою.

Самураи и ронины

Средневековые традиции описывают самураев как непреклонных воинов, верных традициям бусидо[57], которое не совсем верно называют кодексом чести самурая. Это не фигура речи, по-

---

[57] *Бусидо́* (яп. 武士道 буси-до:, «путь воина») — кодекс самурая, свод правил, рекомендаций и норм поведения истинного воина в обществе, в бою и наедине с собой, воинская философия и мораль, уходящая корнями в глубокую древность. Бусидо, возникшее изначально в виде принципов воина вообще, благодаря включённым в него этическим ценностям и уважению к искусствам в XII – XIII веках, с развитием класса самураев как благородных воинов, срослось с ним и окончательно сформировалось в XVI – XVII веках уже как кодекс самурайской этики. Слово «бусидо» состоит из трёх иероглифов. Первые два составляют слово «буси» — единственное слово из нескольких имеющихся в японском языке для обозначения понятия, наиболее точно передающего сущность воина.

В первом иероглифе «*бу*», со значением «военный»/«воинский», его ключом является иероглиф со значением «останавливать». А второй частью знака — сокращённый вариант идеограммы, обозначающий «копьё». Древний китайский словарь Шу Вэнь даёт следующее пояснение: «Бу заключается в способности подчинить себе оружие и, следовательно, остановить копьё». В другом древнекитайском источнике (Книге Цзы Чуань) мы находим более подробное толкование, в котором говорится, что бу включает в себя бун, то есть литературу, каллиграфию, и в более широком смысле все невоенные искусства. Бу запрещает насилие и подчиняет оружие — «останавливает копьё».

Иероглиф «*си*» в современном японском языке имеет значение «военный», «воин», «мужчина» и даже «благородный человек». А первоначально, в Китае, этим словом определялись люди, которые обладали мастерством в определённой сфере и занимали своё положение в обществе благодаря учёности, однако готовы были взять в руки оружие, когда это необходимо. Таким образом, буси — это человек, способный сохранять мир как с помощью искусства, так и военными средствами.

Третий иероглиф — «*до*» — обозначает Путь — важнейшее для большинства восточных философских учений понятие, в данном случае объединяющее эти на первый взгляд несовместимые качества — бун и бу, в образе жизни «идеального человека».

скольку у самурая, собственно, нет ни собственного кодекса, ни, собственно, чести. Вся его жизнь принадлежит хозяину, который решает не только основные вопросы благосостояния своего вассала, но и сам вопрос его жизни и смерти. По сути, речь идет о форме рабства, воспитанного в культуре беспрекословного иерархического послушания, так свойственного культуре эры Рыб.

Насмешка Вселенной заключается в том, что оригинальный кодекса чести самураев написал ронин[58], а самураи многие столетия соблюдали его как святыню — даже практически как религиозную догму. В этом, впрочем, нет ничего удивительного: только внутренне свободные люди могут быть творцами. Неслучайно самурайская мораль[59] сформировалась

---

[58] *Ямамото Цунэтомо* (яп. 山本 常朝, 11 июня 1659 года — 30 ноября 1719) — самурай из княжества Сага в провинции Хидзэн, где правил даймё Набэсима Мицусигэ. Ямамото 30 лет посвятил служению даймё и клану. Когда Набэсима умер в 1700 году, Ямамото не стал совершать самоубийство в знак верности, потому что его правитель выступал против этой практики при жизни. После возникновения разногласий с преемником Набэсимы Ямамото ушёл в отшельничество в горы. Позднее (между 1709 и 1716 годами), он поведал множество своих мыслей своему другу самураю, Цурамото Тасиро. Многие из афоризмов Ямамото касались отца и деда (Набэсимы Наосигэ) его даймё. Высказывания Ямамото были собраны и опубликованы в 1716 году под названием «Хагакурэ»

[59] Самурайская мораль сформировалась в общих чертах одновременно с системой сёгуната, однако основы её существовали задолго до этого времени. Нитобэ Инадзо выделял в качестве основных источников бусидо буддизм и синтоизм, а также учения Конфуция и Мэн-цзы. И действительно, буддизм и конфуцианство, пришедшие в Японию из Китая вместе с его культурой, имели большой успех у аристократии и быстро распространились среди самурайства. То, чего не доставало самураям в канонах буддизма и конфуцианства, в изобилии было в синтоизме.

параллельно системе сёгуната[60], которая являла собой форму жесткого диктаторства. Как и в других культурах обществ, подвергавшихся цензуре, будущие ростки свободы пробивались не вдруг — проходили столетия, прежде чем в репрессированных закрытых обществах постепенно вырабатывалась мораль нового мира свободных людей. Зачастую, изменение морали преподносились ее авторами как религиозные догмы, что позволяло легче распространять ее постулаты в закрытых обществах[61]. Но за всей этой моралью, сначала как тень тени, а потом миф, а потом и как созревшее волевое решение могучих воинов, стояли ронины — свободные люди, которые брали ответственность за все, что они делали или за то, отчего они воздерживались.

Наиболее важные принципы бусидо почерпнуло из синтоизма — древней религии японцев, представлявшей собой сочетание культа природы, предков, веры в магию, существование души и духов в окружающих человека вещах и предметах, любви к стране и государю. Заимствования из синтоизма, которые восприняло бусидо, были объединены в два понятия: патриотизма и верноподданничества.

60 *Сёгу́н* (яп. 将軍 сё:гун) — в японской истории так назывались военные диктаторы, которые обладали реальной властью и управляли (в отличие от императора и его двора в Киото) Японией большую часть времени с 1192 года до реставрации Мэйдзи, произошедшей в 1868 году. Правительство сёгуна называлось *бакуфу* (幕府) (слово бакуфу означает «палаточный лагерь» в смысле места расположения полководца). Государственный строй, при котором верховная власть принадлежала сёгуну, обозначается как сёгунат.

61 Особенно сильное влияние на бусидо оказал буддизм махаянистского направления, проникший в Японию в 522 г. Многие философские истины буддизма наиболее полно отвечали потребностям и интересам самураев. Это прежде всего трепетное отношение к смерти и равнодушие к жизни, основанные на вере в перерождение душ. При этом популярнейшей сектой буддизма была «дзэн», монахи которой внесли значительный вклад в дело развития бусидо.

В средневековой Японии эта мораль воинов, владеющих как силой оружия, так и силой слова как разновидности искусства, сложилась через культовые литературные произведения, представляющие собой кодексы поведения, примеры из жизни, примеры риторики и принятых решений в различных обстоятельствах великими воинами[62]. Буси — воины, которые могли соединить в себе архетип ценителей искусств с архетипом борца со злом, останавливающем зло на себе, то самое «остановить копье». По сути, речь идет ни много ни мало как о тысячелетней мечте человечества — стать подобными Б-гу[63], а именно: имея возможность выбрать между совершением добра и зла, выбрать совершение добра. В нашем случае, как мне кажется, доступен только такой способ: воин света выбирает не позволить последствиям распространиться дальше зла, уже причиненному воину света. Это почти уловил Паоло Коэльо, углубившись в одной из своих книг в более близкие и интересные ему, хотя

---

[62] При правлении Токугавы Иэясу было составлено «Уложение о самурайских родах» («Букэ сё хатто»), определявшее нормы поведения самурая на службе и в личной жизни. Вторым сочинением, посвящённым воспеванию догматов бусидо, было житийное описание подвигов даймё Такэда Сингэна в двадцати томах, авторство которого разделили Косака Дандзё Нобумаса и Обата Кагэнори. Несколько позднее появился труд Дайдодзи Юдзана (1639–1730) «Начальные основы воинских искусств» («Будо сёсин сю»). И наконец, в 1716 г. вышли 11 томов книги «Сокрытое в листве» («Хагакурэ»), ставшей «священным писанием» буси. Это любопытное произведение принадлежало Ямамото Цунэтомо, в прошлом самураю клана Сага с южного острова Кюсю. После смерти своего господина, даймё Набэсима Наосигэ, которому он верно служил десять лет, Ямамото стал монахом и всю оставшуюся жизнь посвятил обобщению догматов самурайской чести.

[63] Parashat Bereshit, Genesis 1:1–6:8 — самая первая глава Торы повествует об этом обете человека Б-гу.

и не вполне системные, рассуждения о природе воина света, так и не рассказав нам отчего же все хотят на него, воина света, равняться[64]. Сам мечтательный образ некоего человека, который стоит между двумя эпохами, эмоционально и бездоказательно ждет уважения, что является частью эпохи Рыб, хотя есть и ряд контекстов уже новой эпохи. Я вижу этот образ как некоторый промежуточный вариант именно в связи с его отрывом от абсолютного ледяного контекста ежедневности. Убежден, что духовность — лишь слуга нашей задачи расти в физическом мире здесь и сейчас и никакого просветления для этого не требуется: вся наша битва происходит в нашей повседневной жизни и все уроки мы почерпнем прямо из нее.

За несколько столетий сам образ ронина претерпел значительные изменения, пройдя путь от образа бандита и насильника до воина, осознанно

---

[64] *«Книга воина Света»* (порт. *Manual do Guerreiro da Luz*) — книга бразильского писателя Пауло Коэльо, опубликованная в 1997 году. Основные выделяемые мысли в его книге:

Воин Света — человек, на которого стоит равняться. Но только путём долгих и настойчивых стараний вы достигнете такой духовной мощи

Все в мире гармонично. Взаимосвязано и без чего-то одного не будет другого. (Теория, которую назвали *стул* — одна ножка неустойчива и весь стул упадет)

Когда достигаешь гармонии с природой — автоматически тебя настигает гармония с людьми

Опыт — единственная опора жизни

Идеальных и не идеальных людей не бывает. Бывают не до конца праведные люди

Не реагируйте на внешние факторы. То, что внутри, гораздо важнее (то есть, если вас обзывают — не реагируйте на это вспыльчиво, это всего лишь пустая трата энергии. Умный человек всегда докажет это на деле)

См. мысль 2. Дружба — это взаимодополнение друг друга теми или иными качествами, то есть — «вместе друзья — воин света»...

меняющего своё сравнительно обеспеченное, но зависимое существование, на короткую жизнь, полную осознанной свободы. На протяжении 250 лет периода Эдо[65] при жёсткой классовой системе сёгуната количество ронинов сильно увеличилось. Причины, как это водится в статистически значимых событиях, состояли в переходе общественной формации Японии от диктатуры к тоталитаризму[66]. Именно тоталитаризм как более экстремальная версия диктатуры в части подавления свобод, стал питательной средой для разрушения старой системы и наступления нового этапа развития общества, в первую очередь благодаря расцвету искусства, литературы и общественного мнения как социального института. Самураям стали запрещать переходить к другим самураям в наем, попали под запрет межсословные браки. Быть ронином, при этом, было крайне незавидно по причине, собственно, того, что, по сути, он мог существовать только разбоем или подаяниями. Очевидно, что до того, как воспитанный на презрении к смерти воин, достигнет такого духовного уровня пренебрежения к своему эго, который перевесит чашу весов его собственногог милосердия[67] в сторону подаяния, искушение использовать силу для пропитания было очень велико. Соответственно, фигура ронина рисовалась вертикально интегрированным обществом самураев как

---

[65] *Период Эдо* — исторический период Японии, время правления клана Токугава. Начался с назначения Токугава Иэясу сёгуном в 1603 году. Завершился в 1868 году снятием с себя полномочий сёгуном Токугава Ёсинобу.

[66] *Тоталитаризм* (фр. *totalitarism*) Тип политического режима, характеризующийся полным контролем государства над всеми сферами жизни общества, ликвидацией прав и свобод, репрессиями в отношении оппозиции и инакомыслящих.

[67] Как воина, способного просто ограбить любого под угрозой применения силы.

неудачника, лишенного чести обстоятельствами или собственным выбором. Чести и единственного достоинства самурая — безупречного служения своему господину[68]. Между прочим, за всем издевательством самураев над ронинами стояла практически нескрываемая зависть к смелости выбора свободы в ущерб своему жизненному достатку и мнимому успеху. Существовало много преданий о простом ронине, защищавшем бедных поселян от заносчивого самурая, способного убить за недостаточно почтительный взгляд или даже без всякого повода — просто выйдя ночью к перекрестку и убив случайного прохожего по бесовскому обычаю цудзигири[69]. Легко найти воспетые театром Кабуки многочисленные постановки о 47 ронинах, ценой жизни выполнивших свое предназначение, как они его понимали[70].

---

[68] Существовала даже хрестоматийная поговорка «Семь падений, восемь подъёмов», означавшая право самурая уходить в странствия сроком на год семь раз за время служения, каждый раз возвращаясь на службу к своему покровителю. В контексте служения самурая это означало, что хозяин мог быть терпеливым и принимать своего раба назад, но и для «миролюбия» хозяина был предел — циничная метка рабовладельческого общества.

[69] *Цудзигири* (辻斬り или 辻斬, дословно: убийство на перекрестке, англ. *Tsujigiri*) — японская практика, когда самурай, получив новую катану или разрабатывая новый вид боя или оружия, испытывал его эффективность, нападая на случайного оппонента, как правило, случайного беззащитного прохожего, во многих случаях в ночное время. Практикующие это также назывались цудзигири.

[70] *«Месть Ако»*, *«Сорок семь ро́нинов»* (яп. 赤穂浪士, букв. «Странствующие самураи из Ако»); реже — «Сорок семь самураев») — основанное на реальных событиях японское народное предание, повествующее о мести сорока семи бывших самураев за смерть своего господина.
История повествует о том, как сорок семь ронинов подготовили и воплотили в жизнь план отмщения Кире Кодзукэ-но-Сукэ, придворному сёгуна Токугавы Цунаёси, за смерть своего

господина, даймё Асано Такуми-но-Ками Наганори из Ако. В 1701 году Асано был приговорён к сэппуку за нападение на придворного в ответ на оскорбления и издевательства со стороны последнего.

Потеряв своего господина, сорок семь ронинов во главе с главным советником Оиси Кураносукэ (яп. 大石 良雄 о:иси ёсио, титул 内蔵助, кураносукэ), дали клятву отомстить смертью за смерть, несмотря на то, что их за это ждал смертный приговор. Чтобы не возбуждать подозрений, заговорщики растворились в толпе, став купцами и монахами, Оиси же переехал в Киото и начал вести разгульный образ жизни, развёлся с женой и взял себе молодую наложницу. Со временем, узнав о том, что ронины разбрелись кто куда, а Оиси пьянствует, Кира ослабил свою охрану и стал более беспечным.

Между тем, ронины тайно собирали и переправляли в Эдо оружие, входя в доверие к домочадцам Киры (один из бывших слуг Асано даже женился на дочери строителя поместья чиновника, чтобы раздобыть планы постройки).

Когда всё было готово к исполнению задуманного, Оиси тайно перебрался в Эдо, где все заговорщики встретились и заново принесли клятву отмщения.

В 15 год эпохи Гэнроку в 14 день 12 месяца (30 января 1703 года) ронины двумя отрядами по сигналу барабана напали на поместье Киры в Эдо, перебив 16 и ранив более 20 человек. Кира успел спрятаться в доме вместе с женщинами и детьми в большом чулане, и его долго не могли найти. Однако Оиси, проверив постель Киры, убедился, что она ещё тёплая. Вскоре за настенным свитком был обнаружен тайный ход, ведущий в скрытый внутренний дворик с небольшим складским строением для хранения угля, которое защищали двое вооружённых охранников. Там был обнаружен Кира. Оиси почтительно поведал ему, что они, бывшие слуги Асано, пришли отомстить за своего господина. Как самураю Кире было почтительно предложено совершить ритуальное самоубийство, но тот отказался или же просто не смог этого сделать. Тогда Оиси сам убил Киру, отрубив ему голову.

Голову поверженного врага ронины отнесли в монастырь Сэнгаку-дзи на могилу своего господина, исполнив тем самым клятву.

Власти оказались в затруднительном положении. С одной стороны, ронины поступили согласно букве и духу бусидо, отомстив за своего сюзерена; с другой стороны, они ослушались приказа сёгуна, проникли в Эдо с оружием и напали на придворного. Из-за растущей в народе популярности сорока

Вот несколько исторических примеров людей, которые олицетворяли принципы образа жизни ронинов:

Миямото Мусаси

Мусаси был легендарным фехтовальщиком, жившим в Японии в 17 веке. Он считается одним из величайших фехтовальщиков в истории Японии и известен своими дуэлями с другими самураями. Мусаси также был плодовитым писателем и художником и посвятил большую часть своей жизни развитию своих навыков в этих областях. Он был известен тем, что жил простой и суровой жизнью, часто путешествовал в одиночку и полагался на свое мастерство воина и художника, чтобы прокормить себя.

Бенджамин Франклин

Франклин был одним из отцов-основателей Соединенных Штатов, а также известным изобретателем, ученым и писателем. Его часто помнят за афоризмы, например, «рано ложиться спать и рано вставать делает человека здоровым, богатым и мудрым». Также Франклин также был проницательным бизнесменом

семи ронинов сёгун получал множество прошений за них, но, как и ожидалось, в соответствии с законом приговорил всех заговорщиков к смерти. Однако им было позволено провести благородный обряд ритуального самоубийства, как надлежало настоящим самураям, вместо того чтобы быть казнёнными как обычные преступники.

Сэппуку состоялось в 16 год эпохи Гэнроку в 4 день 2 месяца (20 марта 1703 года). Самого низкого по рангу из участников мести Оиси сразу же после её свершения отправил на родину в Ако гонцом. Сорок шесть оставшихся в Эдо ронинов были похоронены в том же монастыре, что и их господин. Их могилы с тех пор стали объектом поклонения, а одежду и оружие их по легенде до сих пор хранят монахи Сэнгаку-дзи. Доброе имя рода Асано было восстановлено, его семье даже вернули часть бывших владений. Последний из этой группы ронин вернулся в Эдо, был помилован сёгуном, прожил 78 лет и похоронен рядом со своими товарищами.

и инвестором, и он использовал свое богатство для поддержки тех дел, в которые он верил, таких как публичные библиотеки и университеты.

Махатма Ганди

Ганди был политическим и духовным лидером, который привел Индию к независимости от британского правления. Знаменит своей философией ненасильственного сопротивления, которую он использовал для протеста против британского колониального господства в Индии. Ганди также был сторонником простой жизни и самодостаточности. В числе прочего, он поощрял своих последователей выращивать собственную еду и одежду и жить в гармонии с природой.

Все эти люди по-разному иллюстрируют принципы образа жизни ронинов. Каждый из них сосредоточился на саморазвитии, самозащите и самодостаточности, и все они использовали имеющиеся навыки и ресурсы для достижения своих целей и оказания положительного влияния на окружающий мир.

Возникает очевидный вопрос: зачем мир устроен таким образом, чтобы такие дикие и неоправданные обстоятельства имели место в его истории? Очевидный ответ: без средневекового морока диктатуры не родится истинное понимаение необходимости подотчетности власти и народовластия. Пример — история величайшего из ронинов, Миямото Мусаси[71],

---

[71] *Миямото Мусаси* (яп. 宮本 武蔵, 1584 – 13 июня 1645), также известен как Синмэн Такэдзо, Миямото Бэнносукэ, Симмэн Мусаси-но-Ками Фудзивара-но-Гэнсин, или под своим буддийским именем Нитэн Дораку — японский ронин, считается одним из самых известных фехтовальщиков в истории Японии. Современники дали ему прозвище Кэнсэй (яп. 剣聖, «Святой Меч»). Мусаси стал знаменит благодаря выдающейся технике владения мечом, которую он с раннего детства оттачивал во множестве поединков, используя деревянный меч. Является основоположником школы Хёхо Нитэн Ити-рю или

который отказался от комфорта, предложенного ему господином Хосокава и провел два года в пещере вдали от людей, занимаясь созерцанием. Он приобрел славу непобедимого фехтовальщика еще в возрасте двадцати восьми лет, но не стал почивать на лаврах, осев на одном месте и открыв свою школу, а полностью погрузился в изучение Пути меча и перейдя от совершенствования техники к постижению духа, превратился из жестокого и упрямого человека в скромного и честного.

ИЗ ПРЕДИСЛОВИЯ К КНИГЕ ПЯТИ КОЛЕЦ:

Мусаси писал: «Если вы постигнете Путь стратегии, для вас не останется непонятного... Вы будете видеть Путь во всем». И сам он действительно стал мастером нескольких других искусств и ремесел. Мусаси создал картины, которые ценятся в Японии очень высоко. Он рисовал бакланов, цапель, драконов, птиц с цветами, птиц на сухой ветке, Бодхидхарму, Хотэя и других персонажей. Он был искусным каллиграфом, о чем свидетельствует его свиток «Сэнки» («Дух войны»). Кроме того, он был скульптором и мастером гравировки по металлу. Говорят, что он также писал стихи и песни, однако они не дошли до наших дней. Предание гласит, что сам сёгун Иэмицу заказал ему рисунок восхода солнца над замком Эдодзё.

Очевидно, что путь человечества идет через понимание сути добра и зла к осознанному выбору добра и его главного высшего проявления — любви.

самурайского искусства боя на двух мечах нито-рю (яп. 二刀流). Школа «Земли и Неба». Ввёл понятие боккэна как вполне реального боевого оружия, а не тренировочного. Успешно использовал технику боя двумя мечами, длинным — катаной и коротким — вакидзаси. Написал «Книгу пяти колец» о тактике, стратегии и философии военного ремесла, которая пользуется определённой популярностью и в настоящее время.

Этот же принцип открывает нам саму суть божественного смысла зла в контрасте с добром.

Статус ронинов сначала был незавидным, так как они не получали постоянного жалования от своих господ, что, в свою очередь, было необходимым условием для существования каждого настоящего самурая. Это было главным проклятьем ронинов и, как водится, главным их благословением. С отсутствием материальной зависимости от хозяина, вместе с дьявольской нищетой, побуждавшей к насилию воинов, способных мастерски обращаться с оружием, возникала истинная божественная независимость ронинов, делающих свой главный выбор в жизни, руководствуясь не призрачным долгом раба перед хозяином, а планами своей души и стремлением стать подобным Богу или, чтобы быть более точными, снова увидеть в себе Бога.

В уже упомянутой нами «Книге пяти колец» величайшего из ронинов[72] Средневековья Мусаси главное — не правила фехтования или проведения массовых сражений. Главное — это истинный дух и понимание Пути воина, которое самураи приписали себе, обожествив образ Мусаси после его смерти, что, как это часто бывает, не мешало им ненавидеть сенсея[73] при его жизни.

Книга пяти колец — это учение философского порядка, система воспитания. Для Мусаси нет ничего

---

[72] Миамото Мусаси, по моему скромному мнению, — это величайший из ронинов, поскольку он победил самого страшного из драконов — свое собственное эго: он убивал, как коса смерти, считая себя высшим из воинов, а потом вырвал беса из груди и стал звездой доброты на небосклоне над миром.

[73] Сэнсэй (яп. 先生 сэнсэй, букв. «рождённый раньше», «преждерождённый», «старший») — в Японии вежливое обращение к учителю, врачу, писателю, начальнику или другому значительному лицу или значительно старшему по возрасту человеку.

важнее дарующего свободу принятия смерти[74] и абсолютного духа победы: если вы «овладели техникой фехтования и одолели хотя бы одного человека, вы одолеете кого угодно в мире.

ЗАЧЕМ МЫ ОБ ЭТОМ?

В отличие от самураев, для которых высшей добродетелью считалась собачья преданность и безмыслие, ронин покупает покупает у мира свою свободу и делает это осознанно. Его осознанность характеризуется следующими факторами:

Добычливость

Понимание важности этой характеристики — основа жизненной стратегии ронина: человек должен ставить во главу угла собственную свободу и независимость. Это означает, что люди должны быть самодостаточными и самостоятельными, что включает в себя эффективное управление своими финансами и ресурсами. Первоочередной задачей является обеспечение их собственного развития, будь то через образование, обучение навыкам или личностный рост. Во-вторых, человек должен обеспечить благополучие своей семьи и близких. Это включает в себя финансовую поддержку, эмоциональную поддержку и создание благоприятной среды для процветания близких. Наконец, ронин также должен уделять первоочередное внимание благотворительности и поддержке социальных инициатив. Он также должен рассредоточить свои источники дохода, чтобы иметь несколько финансовых потоков и не зависеть от одного источника дохода.

Саморазвитие

Рост нашей осознанности — это единственная принципиально важная причина нашего

---

[74] Обратите внимание на контекст дарования свободы в смерти.

существования. Если бы я точно не знал о договорном смысле нашего существования, то пришел бы к такому же выводу путем простой банальной логики. Как человек, который занимался математической статистикой, я предельно отчетливо понимаю, что, с учетом того, что 10-процентное изменение температурного режима планеты сделает существование биологической материи невозможным в принципе. В энтропии такие попадания с учетом разброса доступных температур больше, чем в 13 000 градусов исключительно маловероятны, и образованные люди не считают подобные вещи совпадениями. Ронины должны стремиться к собственному росту и развитию. Это означает, что они должны постоянно искать новые знания, развивать новые навыки и расширять свой кругозор. Они должны быть открыты для обучения на своем опыте и на опыте других. Любые факторы, препятствующие их росту и развитию, должны быть устранены из жизни. Это могут быть негативные отношения, ограничивающие убеждения и вредные привычки. Ставя во главу угла собственный рост, ронины могут постоянно улучшать свою жизнь и жизнь окружающих.

Самозащита

Ронины должны уделять первоочередное внимание своему физическому и психическому здоровью, а также обеспечивать свою безопасность. Это включает в себя спорт и физические упражнения, практику осознанности и практики психического здоровья, а также обеспечение безопасной и надежной жизненной среды. Они также должны соблюдать меры предосторожности и уделять внимание таким важным вещам как страхование и медицинские осмотры, чтобы защитить себя и своих близких от непредвиденных обстоятельств. Ставя во главу угла самозащиту, ронины могут обеспечить себе долгую, здоровую и полноценную жизнь. Люди, которые занимаются боевыми искусствами всерьез знают, что они, по сути, учатся быть опасными, однако одновременно они учатся и контролировать себя. Если вы выбрали быть безопасными, вы просто выбрали быть слабыми и в этом необходимо себе давать отчет. Скажу честно: слабость не создает и не представляет ценности. Преодоление обстоятельств для целей роста осознанности как раз и состоит в том, чтобы уметь вдруг становиться очень опасными, но при этом также очень хорошо себя контролировать. Я призываю вас быть опасными, как огонь, но мягкими, как вода.

Добычливость, саморазвитие и самозащита необходимы ронину для того, чтобы жить самодостаточной и полноценной жизнью. Расставляя приоритеты в этих областях, ронины способны достигать своих целей, обеспечивать собственное благополучие и оказывать положительное влияние на окружающий мир.

Дух победы один и тот же в десяти миллионах поединков» сказано у величайшего из ронинов, Миамото Мусаси. И он превыше всего вне зависимости от вида оружия и его размеров.

Подумайте о сказанном.

Глава III

Честность и безумие

Честность — один из важнейших аспектов успешного общения. Важно при этом признать, что понятие честности не отменяет контекст коммерческой тайны, секретной информации, раздельного доступа к различным слоям информации и т. п., и что не существует единого «наиболее эффективного уровня» честности, применимого во всех ситуациях. Наиболее эффективный уровень честности будет зависеть от контекста и цели общения. Вообще говоря, честное общение с большей вероятностью укрепит доверие и принесет положительные результаты, в то время как нечестное общение может иметь разрушительные последствия. Однако, хирургическая честность, как ни странно, не всегда уместна, например, вы не всегда можете рассказать ребенку аспекты и детали мира, которые ему пока просто рано знать, поскольку это может создать в его жизни нездоровый дисбаланс. Поэтому при общении с кем-то важно думать о том, насколько честность необходима и уместна. Это поможет сделать общение эффективным и конструктивным.

Серебряная нить или, другими словами, лучший плюс честности — то, что это черта, которая может принести доверие и благоволение в жизнь любого человека. Честность также позволяет людям строить значимые и длительные отношения, основанные на взаимном доверии, уважении и понимании. Кроме того, честное поведение может помочь повысить производительность и создать более благоприятную рабочую атмосферу.

Выделим возможные положительные и возможные отрицательные черты честности

Плюсы:

- Честность приносит доверие и уважение в ваши отношения.
- Легче быть прямолинейным и честным, чем пытаться запомнить то, что вы солгали, а мысли о том, что вы рассказывали и всегда должны держать в своей памяти — это тяжкий груз.
- Честность укрепляет моральный характер.
- Честность скорее приведет к здоровому общению.
- Вам будет легче спать по ночам, зная, что вы были честны во всех своих действиях.
- Честность — один из факторов самоуважения и, таким образом, счастья.

Минусы:

- Иногда честность может быть жестокой и обидной.
- Вы можете оказаться в неудобной ситуации, если будешь слишком откровенны с кем-то.
- Честность может привести к конфликту в некоторых отношениях.
- Вы, однако, можете нанести ущерб своей репутации, иногда не оправданный, если будете слишком честны.
- Может быть трудно сказать правду, когда вы знаете, что она будет непопулярна.

Честность высоко ценится человеческой моралью и это находит отражение в основных религиях.

Талмуд запрещает лгать или обманывать других: «*Святой, благословен Он, ненавидит человека, который устами говорит одно, а сердцем другое.*»[75], а также запрещает мошенничество в деловых отношениях: «*Поскольку есть несправедливость при купле-продаже есть ошибки в словах. Когда человек дает обет Господу или дает клятву связать себя залогом, он не*

[75] Иудаизм. Песахим 113 б

64

должен нарушать своего слова; он будет делать все, что исходит из уст его.»[76]

В Коране написано: «*О те, кто уверовал! будьте строги в соблюдении справедливости и будьте свидетелями перед Аллахом, даже если это будет против вас самих или против родителей и родственников. Будь он богат или беден, Аллах заботится о них обоих больше, чем вы. Поэтому не следуйте низким желаниям, чтобы вы могли поступать справедливо. А если вы утаиваете правду или уклоняетесь от нее, то помните, что Аллаху хорошо известно о том, что вы делаете.»*[77]

Из Библии: «*Отвергнув ложь, каждый да говорит истину ближнему своему, ибо мы члены друг другу.»*[78] О том же и в буддизме: «*Человек должен говорить правду.»*[79] Обратимся к индийской Махабхарате: «*Всегда уместно говорить правду. Лучше снова говорить то, что полезно, чем говорить правду. Я считаю, что это та истина, которая таит в себе величайшую пользу для всех существ.»*[80]

Важно, однако, отметить, что предыдущие исследования ясно показали, что религиозные люди считают ложь более предосудительной с моральной точки зрения, чем нерелигиозные люди, и это моральное возражение против нечестности может даже привести к более честному поведению. Однако другие исследователи[81] представили доказательства того, что

---

[76] Иудаизм, Танах, Числа, 30:2

[77] Мусульманство. Священный Коран, 4:136

[78] Христианство. Библия, Ефесянам 4:25

[79] Буддизм, Дхаммапада, 224

[80] Индуизм, Махабхарата, Шанти Парва, 329:13

[81] Kramer, S. R., & Shariff, A. F. (2016). Religion, deception, and self-deception. In J.-W. van Prooijen & P. A. M. van Lange (Eds.), *Cheating, corruption, and concealment: The roots of dishonesty* (pp. 233–249). Cambridge University Press.

реальной разницы в уровне честности между религиозными и нерелигиозными людьми нет.

Все сегодняшние основные религии превозносят честность как жизненно важную добродетель. Акцент, который религии делают на честности, является частью более широкой связи между моралью и религией — ассоциации, которая отчасти привела многих к предположениям о морали религиозных людей. Обширные исследования показали, что чем более религиозен человек, тем более он заслуживает доверия. Люди склонны доверять верующим других религий — даже религиям, о которых они никогда не слышали — больше, чем сомневающимся сторонникам своей собственной религии. Десятилетия исследований религиозности и честности не смогли найти какой-либо последовательной связи, за исключением надежной корреляции между религиозностью и социально желательным реагированием (SDR). Эту связь лучше всего можно объяснить диспозиционной склонностью к самообману и позитивным иллюзиям — третье. переменная, которая лежит в основе как религиозности, так и SDR. На самом деле, эта диспозиционная склонность могла формировать аспекты религии именно для того, чтобы удовлетворить потребность в таком возвеличивании[82].

Один из ключевых выводов указанных исследований, в частности, заключался в том, что глубоко религиозные люди относятся ко лжи более негативно, чем их менее религиозные коллеги. Однако, когда дело доходит до фактического акта лжи, оказалось, что любые связи между религиозностью и ложью были весьма незначительными и непоследовательными.

---

[82] Запись базы данных PsycInfo (c) 2020 APA.

Однако там, где они существовали, выяснилось, что более религиозные люди на самом деле были более склонны ко лжи, чем менее религиозные. При этом, люди, которые были мотивированы своей религиозной практикой из-за внешних стимулов, таких как общение и чувство защищенности, были наиболее склонны к обману больше всего.

У лжи есть последствия. Когда кто-то узнает, что вы солгали, это влияет на то, как этот человек будет обращаться с вами навсегда. Если ваш супруг лжет, вы можете исправить это на терапии, но работодатель вряд ли простит.

Даже если вы убеждаете себя, что ложь — это нормально, она все равно нарушает веления совести. Мой личный опыт показывет, что даже ложь во спасение и с самыми благими смыслами все равно представляет собой крайнюю опасность не только для самого лжеца, но и для тех, кто с таким лжецом связан: так, ложь, которую я с полной уверенностью считал во благо и во спасение, разрушила как минимум однажды мои личные семейные отношения.

Однако, как писал писатель Антон Чехов, «излишества вредны даже в умеренности», и имеет смысл провести линии разграничения между необходимостью выдать брутальную правду и умолчать все или часть подробностей.

> Можно выделить некоторый контекстный список вопросов, ответив на который, можно прийти к ответу на вопрос о том как действовать в данном конкретном случае:

- Пострадает ли кто-нибудь, если я утаю немного правды?
- Может ли кто-то измениться благодаря моим честным отзывам, или я излишне прямолинеен, высказывая честное и обидное мнение?

- Как бы я себя чувствовал, если бы кто-то скрыл от меня правду при тех же обстоятельствах?
- Является ли уклонение от правды в этой ситуации актом трусости или сострадания?

Ответ на эти вопросы, в целом, может дать контекстный алгоритм поведения в каждом конкретном случае.

Таким образом, можно вывести примерно такие парадигмы для применения честности в своей жизни:

1. Говорите правду. Честность требует, чтобы вы всегда говорили правду и избегали даже малейшей лжи и преувеличений.

2. Признавайте ошибки. Чтобы сохранить честность, важно признавать свои ошибки и извиняться за них.

3. Будьте прозрачными: открыто рассказывайте о своих действиях и решениях, чтобы другие могли понять, почему вы действовали определенным образом.

4. Соблюдайте конфиденциальность. Если кто-то доверяет вам конфиденциальную информацию, обязательно уважайте его доверие и храните его информацию в тайне.

5. Возьмите на себя ответственность. Взять на себя ответственность за свои действия — важная составляющая честности, поэтому обязательно принимайте любые последствия своих ошибок.

6. Избегайте обмана. Никогда не пытайтесь обманывать, манипулировать или вводить в заблуждение других.

7. Будьте последовательны. Последовательность в словах и действиях поможет показать вашу честность и порядочность.

Тщательно изучите этот вопрос.

Глава IV

Алгоритмы
жизненного выбора

1. ЛУЧШЕЕ — ВРАГ ХОРОШЕГО

Представим, что за один месяц вы хотите найти замечательного супруга или супругу. Вы решили встретиться с десятью людьми, после чего определиться с выбором. Сколько дней потратить на это и когда остановиться? Вам нужно «посмотреть и ухватиться» — уделите 37% времени на исследование ситуации и вариантов без деловых предложений кандидатам. А после этого «хватайтесь» за лучший вариант, который вам предоставится.

Другими словами, встретьтесь с тремя людьми, выделите лучшего из них, а потом продолжайте исследовать ваши следующие варианты до тех пор, пока вы не найдете вариант лучше, чем три первых.

Как и все основные законы мира, правило «Правило 37%» универсальное: сработает как с поиском работы, так и с арендой квартиры, или даже с поиском партнера для создания семьи.

В математической статистике существует теория оптимальной остановки или ранней остановки. Эта проблема связана с проблемой выбора времени для совершения определенного действия, чтобы максимизировать ожидаемое вознаграждение или минимизировать ожидаемые затраты.

Проблемы оптимальной остановки можно найти в областях статистики, экономики и математических финансов (например, связанных с ценообразованием опционов).

По сути, эта задача может быть уменьшена до выбора «explore – exploit» — «исследовать или использовать». Проблема того, кто выбирает использовать без исследования в том, что он берет на себя большие риски, а того, кто выбирает исследовать, а не использовать в том, что он теряет энергию и интерес к использованию со временем.

Задачи оптимальной остановки часто записывают в виде уравнения Беллмана[83], поэтому их часто решают с помощью динамического программирования[84].

Смысл этого правила состоит в том, что практика показывает, что принцип «Как наверху, так и внизу» — это работающее правило мира, а не просто расхожая вольная цитата второго стиха Изумрудной Скрижали (компактный и загадочный герметический текст, впервые засвидетельствованный в арабском источнике, датируемом концом восьмого или началом девятого века). В его наиболее широко

---

[83] *Уравнение Беллмана*, названное в честь Ричарда Э. Беллмана, является необходимым условием оптимальности, связанным с методом математической оптимизации, известным как динамическое программирование. Он записывает «ценность» проблемы принятия решения в определенный момент времени с точки зрения выигрыша от некоторых начальных выборов и «ценности» оставшейся проблемы принятия решения, которая является результатом этих первоначальных выборов. задачу оптимизации в последовательность более простых подзадач, как предписывает «принцип оптимальности» Беллмана. Уравнение применимо к алгебраическим структурам с полным упорядочением; для алгебраических структур с частичным упорядочением можно использовать общее уравнение Беллмана. Другими словами, долгосрочное вознаграждение за данное действие равно вознаграждению за текущее действие в сочетании с ожидаемым вознаграждением за будущие действия, предпринятые в следующий момент времени.

[84] *Динамическое программирование* — это, в основном, оптимизация простой рекурсии. Функция является рекурсивной, если в ее определении содержится вызов этой же функции. Рекурсия является простой, если вызов функции встречается в некоторой ветви лишь один раз. Везде, где мы видим рекурсивное решение с повторными вызовами одних и тех же входных данных, мы можем оптимизировать его с помощью динамического программирования. Идея состоит в том, чтобы просто хранить результаты подзадач, чтобы нам не приходилось пересчитывать их позже, когда это потребуется. Эта простая оптимизация снижает сложность времени с экспоненциальной до полиномиальной.

распространенном средневековом латинском переводе *Quod est superius est sicut quod inferius, et quod inferius est sicut quod est superius*[85].

Другими словами, математические и физические законы распространяются и на другие жизненные обстоятельства и алгоритм, показанный выше, статистически в основном работает во всех областях.

2. УЛЫБНИТЕСЬ В ТЕМНОТУ

Пробовать новые вещи, которые вы никогда не пробовали раньше, — важный аспект личного и профессионального роста. Выйти из зоны комфорта и взяться за новые задачи иногда бывает страшновато, но такой путь вознаградит вас захватывающими приключениями, новыми возможностям и открытиями. Это особенно верно в деловом мире, где инновации и адаптивность имеют решающее значение для успеха.

Пробовать что-то новое может принести множество преимуществ и в бизнесе. Например, экспериментирование с новыми продуктами или услугами может помочь вам опередить конкурентов и привлечь новых клиентов. Занимаясь новыми проектами или развитием партнерских отношений, вы можете расширить свою сеть и повысить вашу узнаваемость. Использование новых подходов к решению проблем или принятию решений также поможет вам стать более гибкими и эффективными в работе. Именно так, в результате эксперимента, появилось шампанское и сыр с плесенью.

Один из примеров того, как важно пробовать что-то новое, можно найти в книге Ричарда Баха «Чайка по имени Джонатан Ливингстон». История рассказывает о путешествии чайки по имени Джонатан.

---

[85] То, что вверху, подобно тому, что внизу, и то, что внизу, подобно тому, что вверху.

Джонатан недоволен обыденной жизнью своей стаи и жаждет чего-то большего. Несмотря на страх и насмешки своих собратьев-чаек, он решает выйти за пределы своих возможностей и научиться летать быстрее и выше, чем любая чайка до него.

Благодаря своей настойчивости и решимости Джонатан становится опытным и опытным летчиком и в итоге обнаруживает более высокий план существования, выходящий за пределы физического мира. Эта история — мощная метафора того, как важно идти к своей мечте и не бояться рисковать, даже перед лицом сопротивления и страха.

Пробовать что-то новое может быть страшно, но это — неотъемлемая часть личного и профессионального роста. Выйдя из зоны комфорта и приняв новые вызовы, вы сможете расширить свои навыки, знания и возможности. История чайки по имени Джонатан Ливингстон напоминает нам о том, что риск и погоня за мечтой могут привести к глубоким открытиям и переживаниям, о которых иначе мы даже не могли бы и мечтать.

3. ИЗЛИШЕСТВА ВРЕДНЫ ДАЖЕ В УМЕРЕННОСТИ[86]

Сколько раз у вас было желание всё отранжировать и упорядочить: тетради, книги на полке, бумаги на рабочем столе — это же показатель беспорядка в вашей голове. И правда, беспорядок в вашей жизни приводит к разрушению во всем абсолютно. Это чистая правда, правило, доказанное на многих исторических примерах.

Одним из таких примеров слишком большого беспорядка в личной жизни, приводящего к плохим

---

[86] Намеренно нарушу правила цитирования специально к этой главе. Выражение принадлежит А. П. Чехову.

последствиям на глобальном уровне, является случай с Адольфом Гитлером, лидером нацистской Германии. Личная жизнь Гитлера характеризовалась неустойчивым поведением, включая злоупотреблением наркотиками, крайнюю паранойю и склонность к мании величия.

Эти проблемы подтолкнули его к принятию иррациональных решений, приведших к гибели миллионов людей во время Второй мировой войны и к позору человечества — Холокосту[87].

Одержимость Гитлера порядком и контролем также способствовала негативным последствиям в глобальном масштабе. Он верил в создание идеального, упорядоченного общества, основанного на его извращённой идеологии, которая привела к геноциду миллионов евреев, цыган, инвалидов и других лиц, которых нацистский режим считал «нежелательными».

Другим примером чрезмерного порядка в личной жизни, приводящего к негативным последствиям на глобальном уровне, является история Иосифа Сталина, советского диктатора, правившего с 1920-х до своей смерти в 1953 году. Личная жизнь Сталина характеризовалась крайней потребностью в контроле и порядке. Результат — создание тоталитарного государства, душившего индивидуальную свободу и творчество.

---

[87] *Холоко́ст* (от англ. *holocaust*, из др.-греч. ὁλοκαύστος — «всесожжение») — преследование и массовое уничтожение нацистами представителей различных этнических и социальных групп (военнопленных, поляков, евреев, цыган, гомосексуальных мужчин, масонов, безнадёжно больных и инвалидов и др.) в период существования нацистской Германии, выразившаяся, например, в геноциде украинского (ещё один позор человечества — Голодомор), чеченского народа, крымских татар, чукчей, а с ними и коряков, ительменов, ленских якутов, дауров, тунгусцев, юкагиров, манцов, телеутов, манчжуров, алтайцев, кетов, оорочей, саамов, кереков и т. п. и т. п.

Сталинская политика насильственной коллективизации и индустриализации привела к гибели миллионов людей от голода, казней и трудовых лагерей. Его жесткая приверженность идеологии и нежелание терпеть инакомыслие привели к подавлению инноваций и прогресса в Советском Союзе, способствуя в итоге упадку и краху страны.

В целом оба примера иллюстрируют, как личные проблемы, будь то слишком много беспорядка или слишком много порядка, могут иметь серьезные негативные последствия в глобальном масштабе. В обоих случаях лидеры с экстремальными личностными качествами смогли захватить значительную власть и контроль, что в итоге привело к катастрофическим последствиям для миллионов людей.

Представьте, что вы захотели разложить все книги на полке. Можно расставить их по алфавиту или сгруппировать по темам или по назначению. Полка станет удобной и упорядоченной, но спросите себя, нужно ли все это? Время, которое вы потратите на сортировку, может превышать выгоду. Сортируйте только тогда, когда это реально сэкономит усилия в будущем. Не тратьте свое время впустую.

4. ПРОЩАЙТЕ СЕБЯ ЗА ОШИБКИ, КОТОРЫЕ НЕ МОЖЕТЕ ИСПРАВИТЬ И ИСПРАВЛЯЙТЕ НЕМЕДЛЕННО ТЕ ОШИБКИ, КОТОРЫЕ ОБНАРУЖИЛИ

Прощение себя за ошибки, которые невозможно исправить, является важным аспектом самосострадания и личностного роста. Важно признать, что все мы люди и совершаем ошибки, и что ошибки — это ценные возможности для обучения. Однако не менее важно брать на себя ответственность за ошибки, которые мы можем исправить, и делать это своевременно и надлежащим образом.

Одна из причин, по которой важно немедленно исправлять ошибки заключается в том, что это может предотвратить возникновение ощущения у других людей, что ошибка была преднамеренной или злонамеренной. Это особенно важно в профессиональном или юридическом плане, где задержка с исправлением ошибки может привести к более серьезным последствиям.

Японская традиция «*кайдзен*» подчеркивает важность немедленного исправления ошибок. *Кайдзен* — это философия непрерывного совершенствования, когда вносятся небольшие постепенные изменения для улучшения процессов и результатов. В этом контексте ошибки рассматриваются как возможности для улучшения, и немедленное исправление является неотъемлемой частью процесса.

Один из примеров важности немедленного исправления можно найти в японском искусстве «кинцуги»[88], которое представляет собой практику ремонта разбитой глиняной посуды с помощью золота или других драгоценных металлов. Философия кинцуги заключается в том, что отремонтированная керамика становится еще более красивой и ценной, чем оригинал, именно потому, что она была разбита и отремонтирована. Таким образом, ошибки превращаются в возможности для красоты и роста.

Прощение себя за ошибки, которые вы не можете исправить, важно для самосострадания и личностного роста. Однако не менее важно брать на себя ответственность за ошибки, которые можно исправить, и немедленно их исправлять, особенно когда речь идет о профессиональных или юридических просчетах.

---

[88] Это один из главных принципов, которым научил меня мой покойный отец. Я нахожу, что эта книга — прекрасная возможность, чтобы его поблагодарить.

Японская традиция кайдзен подчеркивает важность немедленного исправления ошибок, а искусство кинцуги демонстрирует, как ошибки можно превратить в возможности для красоты и роста.

5. ПРИОРИТИЗАЦИЯ ЦЕЛЕЙ

Приоритизация целей необходима для успешного выполнения любого задания. Когда у нас есть четкое понимание того, чего мы хотим достичь, и шагов, которые нам нужно предпринять для этого, мы можем продвигаться к поставленным целям более эффективным и результативным образом. Одним из ключевых аспектов приоритизации целей является знание того, когда временно отложить определенные задачи, чтобы сосредоточиться на более важных задачах.

Если мы сталкиваемся с трудностями или на чемто застреваем, то может возникнуть соблазн зациклиться на проблеме и потратить много времени на ее решение. Однако это может привести к тому, что мы упустим из виду общую картину и пренебрежем другими важными задачами, которые необходимо выполнить. В таких случаях важно определить приоритеты целей, которые являются наиболее важными для задания, и на время отбросить застрявшую проблему.

Вернувшись к ней позже, мы часто можем получить новую точку зрения и идеи, которые смогут помочь решить задачу более эффективно. Кроме того, сосредоточив внимание на других важных задачах, мы сможем добиться прогресса в достижении поставленных целей и набрать обороты, что, в свою очередь, может помочь нам быстрее и легче преодолеть застрявшую проблему.

Один из примеров важности определения приоритетов целей можно увидеть в области управления проектами. Руководители проектов часто используют такие инструменты, как матрица Эйзенхауэра, для определения приоритетности задач и эффективного распределения ресурсов. Это включает в себя категоризацию задач в зависимости от их срочности и важности, а затем сосредоточение внимания в первую очередь на наиболее важных пунктах, даже если ради этого откладывается решение менее значимых задач.

Таким образом, приоритизация целей необходима для успешного выполнения любого задания. Откладывая временно застрявшие вопросы и сосредоточив внимание в первую очередь на критических задачах, мы можем набрать обороты, получить новые перспективы и более эффективно преодолевать препятствия. Матрица Эйзенхауэра — один из примеров инструмента, который можно использовать для определения приоритетов задач и эффективного распределения ресурсов.

Чтобы эффективно планировать, важно определить цель. Например, продавец может уменьшить очередь из клиентов прямо сейчас или просто сортировать товары. Вы также можете использовать стратегию «раннего срока» и начать с неотложного задания или же не обращать внимание на срок выполнения отдельных работ и соблюдать лишь общий дедлайн. Есть еще несколько подходов к планированию: делать то, что можете сделать быстрее (это уменьшает список задач) или разделить дела по «весу» и начинать с самых важных.

Положительный исторический пример:

Отличный пример расстановки приоритетов можно найти в истории изобретения лампочки Томасом Эдисоном. Эдисон столкнулся с многочисленными трудностями и неудачами, прежде чем, наконец, преуспел в создании практичного электрического освещения. Несмотря на многочисленные препятствия,

Эдисон придерживался своей цели создания надежного электрического освещения и продолжал экспериментировать и вводить новшества, пока не достиг своей цели.

Отрицательный исторический пример:

Отрицательный пример неспособности расставить приоритеты можно увидеть в истории злополучного первого рейса «Титаника». Дизайнеры и экипаж корабля были настолько сосредоточены на достижении цели постройки и эксплуатации самого роскошного круизного лайнера[89] в мире, что пренебрегли другими важными целями, такими как обеспечение безопасности и благополучия пассажиров и экипажа. Это отсутствие приоритетов привело к трагической гибели корабля и людей. Если бы дизайнеры и команда поставили безопасность выше роскоши, катастрофы можно было бы избежать.

6. ПРЕДВИДЕТЬ БУДУЩЕЕ

Идея предвидения будущего увлекательна, но важно отметить, что ни один метод не может гарантировать точные предсказания. Однако есть несколько методов, которые можно использовать для принятия обоснованных решений на основе статистического

---

[89] Именно сейчас мы сможем прикоснуться к архетипу, приведшему к гибели Титаника. Официально, Титаник считался не круизным лайнером, а океанским лайнером. Разница большая, на самом деле: круизный корабль путешествует для развлечения, а у океанского корабля есть график, который он должен соблюдать именно потому, что он отвечает за доставку грузов. Но отчаянная конкуренция между владельцами Титаника — White Star Line и его прямого конкурента — Cunard Cruise Line — привела к тому, что Титаник еще на этапе проектировки был выстроен как корабль класса люкс. Капитан знал о ледовой обстановке, но, с учетом графика очень важных пассажиров, выбрал рискнуть. Корабль погубило эго его пассажиров.

анализа, тенденций, интуиции и даже инструментов гадания, таких как карты Таро или подбрасывание монеты.

Один из самых распространенных методов предвидения будущего — математическая статистика и тренды. Это включает в себя анализ прошлых данных и моделей, чтобы делать прогнозы о будущих событиях. Например, биржевые трейдеры могут использовать статистический анализ для прогнозирования будущих рыночных тенденций, а метеорологи могут использовать погодные условия для прогнозирования будущих погодных условий.

Метод Коперника — это еще один подход, который включает в себя шаг назад и рассмотрение ситуации с другой точки зрения. Этот метод включает в себя представление себя сторонним наблюдателем и рассмотрением всех возможных результатов на основе различных сценариев. Это может помочь разбить сложные ситуации на более простые части и обеспечить более объективное представление о ситуации.

Интуиция также может быть ценным инструментом для предвидения будущего. Это включает в себя доверие своему внутреннему ощущению или инстинкту в отношении ситуации, даже если этому нет логического объяснения. Некоторые люди могут использовать инструменты гадания, такие как карты Таро или подбрасывать монету, чтобы задействовать свою интуицию и получить представление о ситуации. Основной смысл в них тот, что кверент (падающий) принимает решения быстро, несмотря на информационную неопределенность.

Важно отметить, что ни один из описанных выше методов не может гарантировать точные прогнозы, поэтому очень важно принимать решения на основе комбинации этих методов и тщательного рассмотрения всей доступной информации. Кроме того, важно признать, что в действиях есть положительный элемент, даже если решение не идеально. Воздержание от принятия важного решения может привести к прокрастинации и упущенным возможностям. В конечном счете, ключевой момент заключается в том, чтобы собрать как можно больше информации и использовать комбинацию методов для принятия наилучшего возможного решения на основе имеющихся данных.

7. ДЛЯ КОГО ЛУЧШИЕ ПРАКТИКИ — ЛУЧШИЕ?

Доверять своим собственным решениям важно, особенно во времена перемен или неопределенности, потому что в конечном счете именно вы знаете себя лучше всех. Хотя может быть полезно собирать информацию и обращаться за советом к другим, никто не знает ваши ценности, приоритеты и цели лучше, чем вы сами. Важно доверять своим инстинктам и принимать решения, основываясь на том, что кажется вам правильным.

Иногда может возникнуть соблазн согласиться с мнениями или решениями других, особенно если кажется, что они составляют большинство. Однако важно помнить, что мнение других не всегда может совпадать с вашим собственным. Как говорится, «триллионы мух могут ошибаться». Просто потому, что что-то популярно или принято другими, порой не означает автоматически, что это — правильный выход в конкретной ситуации. Просто подумайте кому и почему может быть выгодно то или иное решение. Иногда это даже не скрывается и тогда вся картинка для вас становится видна, как на ладони.

Кроме того, когда вы доверяете своим собственным решениям, то берете на себя ответственность за свой выбор и его результаты. Даже если решение оказывается не таким, как ожидалось, вы можете извлечь из него уроки и использовать этот опыт для обоснования будущих решений. Это может привести к повышению самосознания и уверенности в своих способностях принимать решения.

Конечно, важно найти баланс между доверием к своим собственным решениям и открытостью для отзывов и советов других. Может быть полезно изучить различные точки зрения и учесть мнения доверенных консультантов. Однако, в конце концов, вы тот, кто должен жить с последствиями своих решений, и важно доверять себе, чтобы сделать лучший выбор для ваших уникальных обстоятельств и ценностей.

Сферы, в которых имеет смысл быть особенно осторожными:

Выбор карьерного пути

Допустим, вы пытаетесь определиться с карьерным путем. Вы можете обратиться за советом к друзьям и семье, изучить перспективы работы и зарплаты, а также принять во внимание свои собственные навыки и интересы. Однако, в конце концов, важно доверять своим инстинктам и принимать решения, основываясь на том, что кажется вам правильным[90]. Например, ваши друзья могут поощрять вас заниматься медициной, но у вас может быть страсть к искусству, а вместо этого вы решаете заняться графическим дизайном. Займитесь прекрасным и перспективным бизнесом, к которому у вас, однако, нет интереса, и вы станете несчастным или неуспешным в карьере.

---

[90] Пользуясь случаем, хочу поблагодарить свою покойную маму, которая учила меня прежде всего искать в жизни счастье. Лучший совет в моей жизни.

Принятие финансовых решений

Допустим, вы рассматриваете возможность инвестирования в фондовый рынок. Вы можете проводить исследования, обращаться за советом к финансовым консультантам и изучать прошлые тенденции, чтобы принять обоснованное решение. Тем не менее, важно доверять своим инстинктам и принимать решения, исходя из собственных финансовых целей и аппетиту к риску. Например, финансовый консультант может порекомендовать инвестировать в определенные акции, но если это не соответствует вашим ценностям или вас не устраивает уровень риска, важно довериться себе и принять другое решение.

Выбор спутника жизни

Допустим, вы пытаетесь решить, вступать ли в долгосрочные отношения. Вы можете обратиться за советом к друзьям и семье, рассмотреть свои собственные ценности и приоритеты и оценить динамику отношений. Однако важно доверять своим инстинктам и принимать решения, исходя из того, что кажется вам правильным. Например, ваши друзья могут поощрять вас оставаться с вашим партнером, даже если вы не чувствуете удовлетворения от этих отношений. В этом случае важно доверять себе и принимать решение, которое лучше всего подходит для вашего собственного счастья и благополучия.

8. ВАЖНЫМ ВЕЩАМ УДЕЛЯЙ МЕНЬШЕ ВНИМАНИЯ, А ВТОРОСТЕПЕННЫМ — БОЛЬШЕ

Японский метод уделять много внимания второстепенным вещам и мало внимания важным вещам называется «кайдзен» и о нем мы еще расскажем подробнее. Этот подход, в частности, подчеркивает важность постоянного улучшения путем внесения небольших постепенных изменений с течением времени. Его можно применять ко многим аспектам жизни, от личных привычек до бизнес-процессов. Задумайтесь: некоторые правила кажутся нам незыблемыми, но так ли это на самом деле?

Одним из методов, где кайдзен можно разглядеть в действии, является снижение важности определенных решений или задач, которые в противном случае могли бы показаться непосильными. Разбивая все на более мелкие, более управляемые шаги, мы можем сосредоточить свое внимание на достижении постепенного прогресса, а не увязнуть в общей картине. Это может быть особенно полезно при принятии решений, имеющих серьезные последствия, поскольку метод кайдзен позволяет нам подходить к процессу принятия решений более взвешенно и обдуманно.

Кроме того, сосредоточив внимание на мелких деталях, мы часто можем выявить области для улучшения, которые в противном случае могли бы упустить из виду. Например, в бизнес-среде это может включать в себя проверку процессов и процедур для выявления неэффективности или обнаружения областей для оптимизации. Внося небольшие изменения с течением времени, мы можем постепенно улучшать общую производительность организации.

Наконец, подход кайдзен может быть полезен для снижения стресса и развития внимательности. Сосредоточившись на настоящем моменте и мелких деталях нашей жизни, мы можем развить чувство благодарности и признательности за то, что в противном случае могло бы остаться незамеченным. Это может помочь нам чувствовать себя более заземленными и сосредоточенными даже посреди хаотичного или неопределенного окружения.

Таким образом, японский метод уделения большого внимания второстепенным вещам и малого внимания важным вещам может быть полезным подходом для снижения важности определенных решений или задач, выявления областей, требующих улучшения, и развития внимательности и благодарности. Внося небольшие постепенные изменения с течением времени, мы можем постепенно улучшать свою жизнь и мир вокруг нас.

9. ПОДЧИНИТЕ СЕБЕ СЛУЧАЙНОСТИ

Метод якорения — это когнитивное искажение, заключающееся в том, что мы слишком сильно полагаемся на ту часть информации, которую мы считаем важнейшей при принятии решения. Эта исходная информация действует как «якорь», который влияет на наши последующие суждения и решения.

Во время Второй мировой войны вооруженные силы Соединенных Штатов столкнулись со сложным решением, касающимся производства гранат, а именно — определить максимально допустимую норму дефектов гранат. Другими словами, военным нужно было установить лимит на количество бракованных гранат, которые можно было произвести до того, как вся партия будет забракована.

Первоначально было установлено ограничение в 5 % дефектов, исходя из того, что в то время это был отраслевой стандарт. Однако, когда для оценки решения была привлечена группа статистиков, они предложили нижний предел в 1 % дефектов, исходя из серьезности последствий, если неисправная граната выйдет из строя. Однако, достичь желаемого результата не удавалось даже поставив наблюдателя над сборщиком, а затем наблюдателя над наблюдателем. Причем ситуация даже стала хуже — стали

взрываться транспортные суда с гранатами и само-
леты, которые транспортировали ящики с гранатами, так как до них доходили только гранаты со скры-
тыми дефектами, которые проявлялись только во
время критических ситуаций — сильного шторма во
время качки или тряски во время попадания в воз-
душные ямы.

В итоге, однако, военные смогли принять рекомен-
дацию статистиков и установить ограничение в 1 %
дефектов. Это решение было основано на тщатель-
ной оценке связанных с этим рисков и преимуществ,
а не просто на умозрительном первоначальном якоре
в 5 % дефектов. Интересно, что достичь этого удалось
только с помощью интернированного[91] американца
японского происхождения[92], который изобрел такой
держатель в механизме конвейера, который не позво-
лял закрепить на нем бракованный экземпляр, что
сразу сделало дефекты равным нулю, а американские
гранаты — абсолютно надежным оружием. При этом
никакие наблюдатели над наблюдателями больше не
требовались, и ошибка была теперь исключена.

Урок из этого примера заключается в том, что метод якорения внешне может помочь вам решить проблему, создав множество дополнительных, но вы можете повернуть ситуацию таким образом, чтобы его
главное ограничение станет вашей полной победой через абсолютное исключение статистических ошибок.
Это означает, что вы поставили случайное событие
себе на службу, убрав все возможности негативного

---

[91] Мы отдельно расскажем в этой книге об истории интерниро-
вания американских граждан Соединенными Штатами при
обсуждения другого аспекта.

[92] Этот пример мне был рассказан сыном этого самого интернированного американца с японскими корнями — моим препо-
давателем в Стэнфордском Университете. Представляете себе
иронию судьбы?

сценария, но оставив все позитивные возможности. Такой подход оправдан в бизнесе, в вопросе выбора партнера и т. п. — везде, где есть возможность задать неприемлемые условия как якорь, которые оставляет неприемлемых пассажиров на берегу.

Такой метод теперь более известен под наименованием *Установление предела допустимой ошибки* или «*Schmerzgrenze*[93]» и, таким образом, может быть полезным подходом при принятии решений, поскольку он проводит четкую границу, за которой определенные варианты неприемлемы. Установив ограничение, мы можем избежать ситуации, когда принимаемые нами решения вызывают у нас чрезмерный стресс или вред, как, например, происходит при разделении лекарств по важности для критических состояний здоровья. Это может помочь нам принимать более рациональные, обдуманные решения, соответствующие нашим ценностям и целям.

Таким образом, метод привязки может быть проблематичным при принятии решений, а установление предела приемлемой боли может быть полезным инструментом для установления четких границ и избегания решений, которые могут причинить нам вред. Тщательно оценивая всю доступную информацию и учитывая наши личные ограничения и ценности, мы можем принимать более обоснованные решения, которые приводят к лучшим результатам.

10. ЭФФЕКТ КОШКИ НА СЦЕНЕ

Кошка, идущая по сцене, может отвлекать нас, потому что она отбирает наше внимание от основного события. Когда мы смотрим спектакль, мы сосредоточены на исполнителях и их действиях. Однако, когда

---

[93] *Schmerzgrenze* [ˈʃmɛʁts ˌɡʁɛntsə] — наименьшая сила раздражителя, при которой существо воспринимает раздражитель как боль.

по сцене проходит кошка, наше внимание переключается на нее, и мы можем упустить важные детали спектакля.

Это явление известно как «захват внимания» и возникает, когда неожиданный стимул отвлекает нас и мешает сосредоточиться на основной задаче. В случае с кошкой, идущей по сцене, неожиданное появление животного может стать именно таким стимулом.

Важность захвата внимания при принятии решений заключается в его способности влиять на наши суждения и выбор. Когда нас отвлекают неожиданные стимулы, мы можем упускать из виду важные детали или не учитывать всю доступную информацию. Это может привести к предвзятому или неполному принятию решений.

Например, в бизнес-среде менеджер может просматривать отчет о потенциальной инвестиционной возможности. Если неожиданное отвлечение, такое как телефонный звонок или уведомление по электронной почте, захватит внимание менеджера, он может упустить важные детали документа и принять неоптимальное решение. То же самое происходит, если фоном для принятия решения служит гнев, зависть, любовь, страх, благодарность и т. п.

Чтобы избежать негативных последствий захвата внимания при принятии решений, важно знать о потенциальных отвлекающих факторах и предпринимать шаги для сведения их воздействия к минимуму. Это может включать в себя создание среды, свободной от отвлекающих факторов, например, отключение уведомлений на электронных устройствах или планирование действий по принятию решений в то время, когда ваш смартфон обычно молчит.

Таким образом, захват внимания может быть мощной силой, которая будет отвлекать нас от важных событий и влиять на принятие решений. Зная о потенциальных отвлекающих факторах и предпринимая шаги по минимизации их воздействия, мы можем принимать более обоснованные и эффективные решения.

11. ИЗУЧЕНИЕ ДОЛГОСРОЧНОЙ СТРАТЕГИИ ВМЕСТО ИЗУЧЕНИЯ НЕПОСРЕДСТВЕННОЙ РЕАКЦИИ НА НАШИ ДЕЙСТВИЯ

Рекурсия в общении — это процесс, когда мы постоянно спрашиваем себя, как другие люди будут действовать в ответ на наши действия, и соответствующим образом корректируем свое собственное поведение. Иногда это может привести к циклам вопросов, когда мы постоянно пытаемся предсказать, что сделают другие, даже если мы уже знаем ответ.

Один из способов решения этой проблемы — сосредоточиться на разработке долгосрочной стратегии, на которую меньше влияют сиюминутные обстоятельства, и которая больше ориентирована на долгосрочные ценности нашей группы. Используя более статистический подход к прогнозированию поведения, мы можем уменьшить влияние этих циклов и принимать более обоснованные решения.

Допустим, мы пытаемся предсказать, как группа людей отреагирует на новое предложение политики. Вместо того, чтобы постоянно спрашивать себя, как они отреагируют на каждый отдельный шаг, мы можем посмотреть на общие ценности и приоритеты группы и попытаться разработать политику, которая соответствует этим ценностям. Мы также можем использовать данные и статистику, чтобы помочь в принятии решений, анализируя прошлое поведение и тенденции и предсказывая, как группа, вероятно, поведет себя в будущем.

Этот подход позволяет нам выйти за рамки циклов вопросов и принимать более обоснованные стратегические решения, основанные на данных и анализе. Это также помогает нам сосредоточиться на долгосрочных целях и ценностях группы, а не погрязнуть в деталях отдельных движений и реакций.

Таким образом, рекурсия в общении может иногда приводить к циклам вопросов и сосредоточению внимания на немедленных действиях, а не на долгосрочных ценностях и целях. Используя более статистический подход к прогнозированию поведения и сфокусировав внимание на долгосрочных стратегиях, мы можем принимать более обоснованные решения и уменьшать влияние этих циклов.

12. ПРЕДВИДЕНИЕ ПРОШЛОГО

Предвидение прошлого включает в себя оглядывание на исторические события и их анализ, чтобы получить представление о настоящем и будущем. Иногда важные аспекты прошлого могут быть преднамеренно скрыты или неизвестны, но их раскрытие может дать ценную информацию, которая поможет принять решение.

Например, вы пытаетесь принять решение, инвестировать в выбранную компанию или нет. Глядя на её прошлые финансовые результаты, вы можете понять, как она будет работать в будущем. Однако могут быть другие факторы из прошлого компании, которые менее очевидны, такие как история нарушений этических норм или бесхозяйственность. Выявив эти факторы, вы сможете принять более обоснованное решение о том, инвестировать или нет.

Экстраполяция последовательности событий в прошлом также может быть полезным инструментом при принятии решений. Изучая прошлые события и то, как они привели к определенным результатам, вы можете предсказать, как подобные события смогут произойти в будущем. Например, если вы пытаетесь принять решение о выходе на новый рынок, вы можете посмотреть, как другие компании выходили на аналогичные рынки в прошлом и насколько они были успешны. Это может дать вам лучшее представление о потенциальных рисках и выгодах, связанных с выходом на этот рынок.

Кроме того, обнаружение скрытых или неизвестных аспектов прошлого может обеспечить важный контекст для текущих проблем или проблем в будущем. Например, если вы имеете дело со сложной ситуацией с клиентом или сотрудником, изучение прошлого опыта и понимание мотивации этого человека может помочь вам более эффективно справиться с ситуацией.

Поиск скрытой правды в прошлом может быть сложной задачей, поскольку это может включать раскрытие информации, которая была преднамеренно скрыта или утеряна с течением времени. Тем не менее, есть несколько стратегий, которые могут помочь:

Проведите исследование: первый шаг к раскрытию истин, спрятанных в прошлом — провести исследование. Это может включать просмотр исторических записей, опрос экспертов или свидетелей или сбор данных из нескольких источников. Собрав как можно больше информации, вы сможете составить более полную картину того, что произошло.

Ищите закономерности и несоответствия. Собирая информацию, ищите нестыковки, которые могут указать на скрытые истины. Например, если несколько источников предоставляют противоречивые сведения о событии, это может указывать на то, что в истории есть нечто большее, чем то, что было сообщено. С другой стороны, тонкие несоответствия иногда могут иметь решающее значение для раскрытия правды и разрешения критической ситуации. Например, в судебно-медицинских расследованиях даже малейшее несоответствие в показаниях подозреваемого может выявить его вину или невиновность. Точно так же и в научных исследованиях: незначительное отклонение от ожидаемых результатов может привести к новаторскому открытию.

Рассмотрите альтернативные точки зрения: при анализе исторических событий важно учитывать альтернативные мнения и источники. Это может включать в себя выход за рамки официальных отчетов и поиск точек зрения маргинализированных или слабо представленных групп. Рассматривая ситуацию под разными углами, вы можете получить более тонкое понимание того, что произошло.

Будьте непредвзяты: при исследовании прошлого важно подходить к процессу максимально нейтрально. Это может означать, что вы бросите вызов своим собственным предположениям и предубеждениям и будете готовы рассмотреть информацию, которая может поставить под сомнение ваши существующие убеждения или понимание ситуации.

В дополнение к этим стратегиям важно быть терпеливым и настойчивым в поисках истины. Раскрытие правды может занять время и потребовать нескольких источников информации. Однако, применяя тщательный и вдумчивый подход, вы можете глубже понять исторические события и принимать более взвешенные решения в настоящем.

Пренебрежение несоответствиями может привести к катастрофическим последствиям в различных областях, включая инженерию, медицину и финансы. Например, Чернобыльская катастрофа 1986 года произошла из-за наплевательского отношения к правилам техники безопасности и игнорирования несоответствий в конструкции реактора, а ее чудовищные последствия соответствуют архетипу причин утонувшего Титаника — причина в сокрытии информации советскими партийными общественными функционерами.

Таким образом, предвидение прошлого может быть ценным инструментом в принятии решений, поскольку оно позволяет нам получить представление о настоящем и будущем, анализируя исторические события. Раскрывая скрытые или неизвестные аспекты прошлого, экстраполируя последовательность событий и понимая контекст текущих проблем, мы можем принимать более обоснованные решения, основанные на более глубоком понимании ситуации.

Сформулируйте,
какие алгоритмы жизненного выбора вы используете сейчас и как их можно изменить.

Базовые действия: самоуважение, самодисциплина, спорт, сон, секс, самоудовлетворение

Я убежденный сторонник Базовых Действий. Так, например, я взялся однажды вести экономическую радиопередачу, и вел её более двух с половиной лет. Для этой передачи мне потребовалось каждый день изучать экономическую конъюнктуру. Подготовка к первой передаче длиной чуть меньше часа заняла более четырех часов. Тратить столько времени на это было немыслимо. Однако, регулярность в изучении трендов заменила детальное изучение финансовой отчетности компаний. Со временем нашлись реперные точки, которые позволили быстро оценивать состояния бизнеса применительно к рынку и давать адекватные ситуации прогнозы за чрезвычайно короткое время — почти в 10 раз быстрее. Изучение общих трендов позволило сократить время на исследование экономической коньюнктуры рынка в целом, а с ней и состояния отраслей и отдельных компаний. Экономический эффект от применения этой стратегии был ошеломительным — мой портфель бил абсолютное большинство фондов на протяжении всего времени ведения передачи, при том, что я намеренно избегал рискованных активов. Базовым Действием в этом случае стало регулярное действие по изучению соотношения макро и микро показателей рынка.

САМОДИСЦИПЛИНА

Самодисциплина — это способность контролировать свои действия, мысли и эмоции для достижения определенной цели или задачи. Это важная черта, которая позволяет людям оставаться сосредоточенными, мотивированными и продуктивными даже перед лицом проблем и отвлекающих факторов.

На гербе города Нью Йорка изображен латинский термин «*Excelsior*», что означает «всегда вверх» или «всегда выше». Оно отражает идею постоянного совершенствования и стремления к совершенству во всех аспектах жизни. Этот термин часто ассоциируется с самодисциплиной, поскольку он побуждает людей стремиться к тому, чтобы быть лучше, полностью реализовать свой потенциал и никогда не довольствоваться посредственностью. Если вы не знаете стихотворение *Excelsior* Лонгфелло[94] и хотите проникнуться именно эстетикой выбора самодисциплины, прочитайте — в нем автор даже не объяснил причину, по которой главный герой поставил не задумываясь свою жизнь на карту, последовательно отвергнув все предложенные ему блага мира, но ясно, однако, что такая причина была.

Другой, хотя и очень похожий принцип из японской традиции — *кайдзен*[95] — японский термин, означающий «постоянное улучшение» или «изменение к лучшему». Это философия, которая подчеркивает важность небольших, постепенных улучшений с течением времени, а не сосредоточение внимания на крупных, радикальных изменениях. Цель кайдзен — создать культуру постоянного совершенствования, при которой каждый сотрудник организации поощряется выявлять и регулярно внедрять небольшие улучшения.

---

[94] *Гёнри Уо́дсворт Лонгфе́лло* (англ. *Henry Wadsworth Longfellow*; 27 февраля 1807 года, Портленд — 24 марта 1882 года, Кембридж) — американский поэт и переводчик. Автор «Песни о Гайавате» и других поэм и стихотворений.

[95] *Кайдзен* (яп. 改善, «улучшение») — это концепция, чаще относящаяся к бизнес-деятельности, которая постоянно совершенствует все функции и вовлекает всех сотрудников, от генерального директора до рабочих конвейера. Кайдзен также применяется к таким процессам, как закупки и логистика, которые пересекают организационные границы в цепочке поставок. Он применялся в здравоохранении, психотерапии, лайфкоучинге, работе правительства и банковском деле.

Самодисциплина является ключевым компонентом философии кайдзен, поскольку она требует от людей взять на себя ответственность за собственное совершенствование и взять на себя обязательство постоянного самосовершенствования. Чтобы практиковать кайдзен, люди должны быть достаточно дисциплинированными, чтобы определять области, в которых они могут совершенствоваться, ставить перед собой цели и предпринимать последовательные действия для достижения этих целей.

Один из способов развить самодисциплину в контексте кайдзен — выработать ежедневную привычку самоанализа. Это включает в себя выделение времени каждый день, чтобы размышлять о своих целях, вашем прогрессе в достижении этих целей и областях, которые вы могли бы улучшить. Регулярно размышляя о своей работе, вы можете определить модели поведения, которые препятствуют вашему прогрессу, и со временем внести небольшие коррективы в свой подход.

Еще одним важным аспектом самодисциплины в контексте кайдзен является способность расставлять приоритеты для своих целей и оставаться сосредоточенным на самых важных задачах. Это требует сильного чувства самосознания и способности сопротивляться отвлекающим факторам и искушениям, которые могут сорвать ваш прогресс.

Таким образом, концепция самодисциплины тесно переплетена с философией кайдзен, поскольку она требует, чтобы люди брали на себя ответственность за свои собственные улучшения и стремились к небольшим, постепенным улучшениям с течением времени.

Развивая самодисциплину и практикуя кайдзен, люди могут создать культуру постоянного совершенствования и добиться долгосрочного успеха в личной и профессиональной жизни.

В продолжение темы самодисциплины я готов вам прямо сейчас дать совет, основанный на личном опыте, как избавиться от вредных привычек, нездорового поведения, токсичных отношений и всего того, что вам мешает, и который основан на личном опыте. Например, есть прекрасные способы бросить курить, которые предполагают постепенное вытеснение никотина путем мудрых и аккуратных стратегий, есть психологи, а также медикаменты, которые помогают избавиться от зависимости. Я понимаю, что все это работает и, разумеется, требует усилий, размышлений и отчета себе в том зачем вы это делаете. Я предлагаю мой собственный способ, опирающийся на тест осознанности. Подумайте, нужна ли вам для счастья эта конкретная привычка? Если нужна, то курите, пейте и принимайте наркотики, пока не умрете в подворотне, если, конечно, это и есть ваше представление о счастье. Никаких вопросов к этому у меня нет. Речь только о тех зависимостях, которые мешают вашему счастью. Если такая привычка есть, если есть такие отношения, которые препятствуют вашему счастью, если вы работаете на работе, от которой воете волком, то вот мой рецепт: бросьте. Аккуратно и спокойно. Бросьте. Не надо планов по борьбе с курением и семейных психологов. Мешает счастью — бросьте. Вы бы с радостью, но из-за детей живете в браке, который вас не устраивает? Бросьте. Для того, чтобы наваждение пропало просто скажите себе три раза: «НЕТ. НЕТ. НЕТ.» И прекращайте токсичную практику. Это работает всегда: я сам и все абсолютно люди, которые принимали такое решение, в конечном итоге поступали именно так. Попробуйте.

САМОУВАЖЕНИЕ

В Древнем Риме самоуважение имело первостепенное значение и рассматривалось как нить социального положения. Считалось также, что самоуважение человека связано с его способностью действовать должным и достойным образом, и что люди должны стремиться отстаивать свою честь и репутацию. Те, кто этого не делал, считались не уважающими себя и находились во власти богов и их прихотей.

В Древней Греции самоуважение также ценилось высоко. Считалось, что ценность человека определяется тем, насколько он уважает себя. Ожидалось, что люди должны стремиться отстаивать свою честь и репутацию, действовать честно и с уважением к другим. Также считалось, что самоуважение важно для того, чтобы угодить богам и поддерживать гармонию в обществе.

Древний Рим и Греция были могущественными империями, которые во многом влияли на мир. Правовая система, созданная древними римлянами, послужила образцом для многих стран и установила систему законов и справедливости. Инженерные подвиги Рима, такие как акведуки, дороги и канализация, обеспечили инфраструктуру, которую современные общества продолжают использовать и улучшать. Более того, богатая история Рима послужила основой для западной культуры, включая язык, литературу, искусство и правительство.

В Древней Греции философия и политика служили краеугольными камнями общества. Платон и Аристотель — два самых важных философа в истории, а основание демократии в городе-государстве Афины оставило неизгладимый след в истории. Греческие театры, которые служили форумом для социальных и политических дискуссий, легли в основу современного театра. Кроме того, Олимпийские игры, впервые проведенные в Греции в 776 г. до н. э., на протяжении веков вдохновляли людей на спорт и развитие духа товарищества во всем мире.

Самоуважение — это то, что люди часто упускают из виду как ключевой элемент успешной жизни. Уважение к себе — это значит иметь положительное мнение о себе, чувствовать себя хорошо в отношении того, кто вы есть, чего вы достигли, и знать, что вы способны достичь большего. Уважение к себе дает уверенность в следовании своим увлечениям и целям, в смелости идти на риск, необходимый для достижения желаемого, и в стремлении вносить изменения в жизнь, которые, в конечном счете, приведут к успеху.

Самоуважение означает относиться к себе с уважением во всех сферах жизни, включая здоровье, физическое и эмоциональное, включая отношения, работу и отдых. Это означает здоровое питание, физические упражнения, эмоциональную заботу о себе, установление границ в отношениях и принятие на себя ответственности за свои действия. Самоуважение также требует, чтобы вы были честны с собой в оценке того, как ваши действия влияют на ваши краткосрочные, так и на долгосрочные цели.

Когда вы уважаете себя, вы можете принимать решения, исходя из того, что лучше для вас в долгосрочной перспективе, даже если краткосрочные результаты не идеальны. Вы можете сказать «нет», когда знаете, что что-то не подходит для вас, даже если это доставляет неудобства другим. Вы можете быть терпимы к критике, но также должны быть достаточно смелым, чтобы постоять за себя, когда чувствуете, что что-то не так.

Уважение к себе помогает легче ориентироваться в сложных ситуациях. Вы способны определять закономерности в ваших отношениях и понимать, когда ситуация не приведет к положительному результату. У вас есть смелость уйти от отношений или ситуаций, которые не являются для вас здоровыми.

В конечном счете самоуважение позволяет вам построить успешную жизнь, не жертвуя своими ценностями, принципами и убеждениями. Когда у вас есть уверенность в том, что вы доверяете своим собственным решениям и делаете выбор, который приведет к общему успеху, у вас больше шансов достичь своих целей и мечтаний.

СПОРТ

Спорт является важным для здоровья базовым действием, которое может проявляться в физических активностях. Плавание, бег, велосипедные прогулки или просто поддержание хорошей физической формы. Важно отметить, что поддержание правильной физической формы будет иметь положительное влияние на ваше общее здоровье и самочувствие. Но дело, собственно, не столько в здоровье. Заставляя себя спешить на занятия спортом вне зависимости от ваших текущих желаний, вы медитируете[96]. В этот момент вы становитесь бойцом, который готовится к битве. Разве этот дух воина не изменит мой мир, когда я выйду из медитации и вернусь обратно в обычную жизнь? Разве смысл моего мира не битва каждый день? У меня есть хорошая подруга, которая больна тяжелым аутоиммунным заболеванием. Во время приступа этого заболевания она испытывает острую боль во всех мышцах,

---

[96] Не планируя отходить далеко от предмета нашего обсуждения, подчеркну только, что исследования врачей показывают, что до 2/3 физического объема деятельности мозга связаны с контролем движения. Это означает, что постоянное движение по сути постоянно тренирует 2/3 объема вашего мозга. Попробуйте применить это на практике и понаблюдайте за результатом.

которые участвуют в любом движении, так что попытка почистить зубы — это уже подвиг. Так вот, в качестве гордого издевательства над своим положением, она выбирает делать всю ту рутину, которую она бы делала во время ремиссии[97] до тех пор, пока боль не позволяет оставаться в сознании. Вспоминаю об этом когда мне становится лень пойти на занятия или сделать работу. Я сам имею пристрастие к прикладным видам спорта, таким, например, как карате. Этот вид восточных единоборств дает возможность проявить силу характера, самодисциплину, умение контролировать боль и даже травмы. Я не знаю никаких ограничений в отношении спорта, кроме самых простых: если речь идет о спортзале, то имеет смысл детально обсудить с профессиональным тренером весь комплекс упражнений заранее, а затем просто методично и регулярно самому исполнять комплексы. Вообще, спорт должен стать частью обычной еженедельной рутины, но количество и интенсивность тренировок имеет смысл определить с тренером. Теперь, кто такой тренер для целей нашего разговора? Тренер в данном случае — это человек, который официально берет с вас деньги за свои консультации, дает их вам в письменном виде и отвечает за неправильный совет перед вами как минимум деньгами.

СОН

Сон является другим базовым действием, крайне важным для вашего общего здоровья и благополучия. Хороший сон способствует поддержанию нормального эмоционального состояния, а также обеспечивает достаточно времени для восстановления

---

[97] *Ремиссия* (лат. *remissio* «уменьшение, ослабление») — период течения хронической болезни, который характеризуется значительным ослаблением (неполная ремиссия) или исчезновением (полная ремиссия) её симптомов (признаков заболевания).

и обновления тела и ума. Человеку должно хватать 7 – 9 часов сна каждую ночь. Спящих крепко можно только поздравить. Тем не менее, если у вас есть проблемы со сном, вы не сможете получать важную информацию, используя этот источник знаний. И вот почему: вещие сны приходят человеку во время сна средней трети темного времени суток. Это означает, что темное время суток надо разделить на три равные части. Для этого посмотрите точное время заката текущего дня и восхода следующего. Так, например, если у вас закат в 9 часов вечера, а восход в 6 утра, то у вас в наличии есть девять часов темного времени суток. Вещий сон вы сможете увидеть только в среднюю треть ночи, то есть в данном случае, с 12 до 3 часов утра. Именно к этой информации имеет смысл относится со всем вниманием и немедленно записывать приснившееся прямо в постели. Для этого всегда держите под рукой письменные принадлежности и источник света для того, чтобы записать все максимально подробно. Спать же нужно практически все темное время суток.

Практические средства успокоения. Имеет смысл с осторожностью пользоваться и различными средствами для успокоения. Я использую подушечки с лавандой[98], которые я держу рядом с подушкой и бальзамик[99]. Четыре капли бальзамика со стаканом воды

---

[98] Древние связывали лаванду с чакрой третьего глаза, атрибуты которой включают интуицию, воображение, визуализацию и концентрацию.

[99] История оригинального бальзамического уксуса берет свое начало в Древнем Риме: известный под латинским названием сапа, он был получен путем кипячения виноградного сока (другие историки относят это открытие намного раньше, около 3000 г. до н.э. к египетской культуре). На протяжении веков идея выдержки сапы в деревянных бочках стала популярной в районах современной Эмилии-Романьи; это демонстрируется

на ночь, и вы улучшаете свою кожу, балансируете сахар в крови, улучшаете пищеварение, снижаете холестерол, улучшаете циркуляцию крови и т. п.

Берегите сон!

СЕКС

Уточним: речь идет о соитии, причем о соитии мужчины и женщины. Соитие в каббалистической традиции представляет собой, кроме всем известных смыслов, единение мира — того, что в восточной традиции описывается как слияние *инь* и *янь*[100], грандиозную возможность подняться в мир идей[101], Бина. Все

отрывком из поэмы XI века «Вита Матильдис», в которой рассказывается об итальянском принце, который приносит драгоценную приправу в подарок Генриху III Французскому. Популярность бальзамического уксуса со временем росла, и в некоторых текстах эпохи Возрождения он упоминается под названием «уксус герцога». Приправа берет имя, к которому мы привыкли в 1747 году: на самом деле прилагательное «бальзамический» впервые появляется в описи дворянской семьи Эсте. Слово происходит от латинского *balsamum*, термин, используемый для описания полезного растения: вероятно, это связано с тем, что в 18 веке бальзамический уксус использовался для лечения чумы; до сих пор многие врачи утверждают, что эта приправа является мощным союзником в предотвращении проблем с кровообращением, пищеварением и диабетом.

[100] *Инь и ян* (кит. трад. 陰陽, упр. 阴阳, пиньинь yīn yáng; яп. 陰陽 ин-ё:) — этап исходного космогенеза в представлении китайской философии, приобретение наибольшим разделением двух противоположных свойств. Графически обозначается появлением у двух противоположностей двух цветов — белого и чёрного.

[101] *Бина́* (др.-евр. בינה; bīnāh; «Разум»; «Ум»; «Мысль») — в учении каббалы о происхождении миров третья из 10 объективных эманаций (прямые лучи божественного света) мироздания — так называемых «сфирот» или «сефирот» (мн. ч. от «сефира»), также «цифр» или «сфер», — первых излучений Божественной Сущности, которые в своей совокупности образуют космос.

устроено таким образом, что мужчина не имеет доступа мир идей, хотя в его природе быть колоссально сфокусированным на его приоритетной задаче, а женщина имеет легкий вход в мир идей, но ее восприятие информации из мира идей расфокусировано. Женщина и мужчина, которые живут вместе, вырабатывают некоторый аналоговый код, который позволяет им обмениваться информацией. Мужчина передает женщине элементы своего опыта, часто в виде смысловых связок — что-то вроде ката[102] в единоборствах, а женщина представляет мужчине пропуск в мир идей.

Мыслимые как члены одного целого, сефироты образуют форму совершенного существа — первоначального человека (Адам-Кадмон). Для большей наглядности каббалисты указывают соответствие отдельных сефирот с наружными частями человеческого тела: так Бина́ и Хохма́ — это два глаза (веки) Адам-Кадмона.

Первые сфироты — Свет (Кетер), Мудрость (Хохма́) и Разум (Бина́) — «чело» и «веки» Адам-Кадмона — самые главные. В их абсолютном царстве духа нет места никакой раздвоенности. За ними следуют семь второстепенных сфирот. Раздвоение эманации на позитивную и негативную начинается только в третьей сфире («Разум»). Сфироты, получающие своё начало в третьей сфире, образуют основу для всего низшего материального мира. Контрасты и противоречия, господствующие в мире, могут впервые проявляться только в области третьей сфиры.

Два параллельных принципа (Хохма́ и Бина́), внешне как бы противоположные, на деле совершенно неотделимы друг от друга: Хохма́ («Мудрость») — мужской, активный принцип; Бина́ («Разум») — женский, пассивный. Вместе Хохма́ и Бина́ дают Даат («Познание»)

[102] *Ка́та* (яп. 型 или 形) — формализованная последовательность движений, связанных принципами ведения поединка с воображаемым противником или группой противников. По сути, является квинтэссенцией техники конкретного стиля боевых искусств. Аналогично таолу в ушу и тхылю в тхэквондо. В школе современного карате Дзёсиндо в определение ката дополнительно внесено понятие ката как эталонного образца техники карате для подражания и изучения.

Лучшим способом предоставления такого доступа, согласно той же каббалистической традиции, является прямой доступ, который мужчина получает, сознанно или неосознанно, после достижения оргазма женщины и последующей собственной эякуляции. Это часто позволяет ему найти решение своих задач в профессиональной жизни. Я бесчисленное количество раз получал подтверждение этого наблюдения лично и от других. Недаром наши предки считали секс и деньги передачей одной энергии. Об энергии денег мы еще поговорим в этой книге. Секс, таким образом, является еще одним базовым действием, которое может проявляться в различных формах. Для многих это источник удовлетворения и приятной стимуляции, а также повышения уровня интимных отношений с другими. О сексе написано бесконечно много, однако, я хочу затронуть аспект мужского либидо, а именно: каким образом сделать так, чтобы сексуальные отношения развивались, а мужское либидо[103] не уменьшалось со

Принцип изучения боевого искусства на основе ката состоит в том, что повторяя ката многие тысячи раз, практик боевого искусства приучает своё тело к определённого рода движениям, выводя их на бессознательный уровень. Таким образом, попадая в боевую ситуацию, тело работает «само» на основе рефлексов, вложенных многократным повторением ката. Также считается, что ката обладают медитативным воздействием.

[103] *Либидо* (лат. libido — похоть, желание, страсть, стремление) — одно из основных понятий психоанализа, разработанных Зигмундом Фрейдом для описания разнообразных проявлений сексуальности. Оно обозначает некую специфическую энергию, лежащую в основе полового влечения.

Зигмунд Фрейд приравнивал либидо к эросу Платона и определял его как энергию влечения — основу половой любви, а также любой другой (например, любви к родителям и детям). По Фрейду, в узком смысле, либидо означает психическую энергию, которая может быть разряжена только путем сексуального удовлетворения, а в более широком смысле либидо — это энергия инстинктов жизни, любая психическая энергия, лежащая

временем? С одной стороны, это действительно вопрос колоссальной важности, поскольку огромное количество браков распадается именно из-за сексуального дисбаланса. Однако, не решает все проблемы в браке: так, например, описанная ниже практика не помогает женщине полюбить своего партнера, а только поддерживает либидо мужчины. Для того, чтобы понять каким образом постоянно повышать либидо, надо понять, на каких принципах мужчина и женщина взаимодейтсвуют через сексуальную энергию. Если мы представим мужчину как открытый канал энергии, а женщину как сосуд, в котором накапливается эта энергия, это будет довольно точное представление.

Существует семиступенчатая система в самой простой и эффективной из известных мне каббалистических практик поддержания мужского либидо в отношениях:

1. Перед соитием мужчине имеет смысл подготовить свою партнершу ласками так же, как мы готовим аккумулятор к принятию энергии. Разумеется, проще узнать ее эрогенные зоны заблаговременно до соития в располагаюшем к доверию благожелательном разговоре.

2. Во время соития мужчине имеет смысл как минимум 3 раза обменяться дыханием с женщиной. Это означает, что партнерам нужно синхронизировать дыхание попеременно вдыхая и выдыхая, например, во время поцелуев. Это несложно сделать, не углубляясь в долгие объяснения.

в основе стремления к созиданию, любви и гармонии. Термин «либидо» использовался Фрейдом при объяснении причин возникновения психических расстройств, невроза, а также для описания хода психического развития человека. В преобразовании либидо (т. н. *сублимации*) Фрейд видел источники творческой энергии. В современной сексологии термин либидо используется, как правило, в значении «половое влечение»

3. Никаких ограничений по тому, какие позы партнеры используют, нет. Однако, с учетом того, что передача энергии на хранение в сосуде имеет свои нюансы, к соитию есть центральное, базовое требование: женщина в сексе испытывает оргазм первой. Если обоим партнерам относиться к этому как к базовому требованию, обоим партнерам, подчеркиваю, вы всегда сможете этого добиваться. Собственно, с этого имеет смысл начать. Как ни странно, не все женщины готовы испытывать оргазм при каждом соитии. Однако, это положительно необходимо для роста мужского либидо.

4. Теоретически, мужчине имеет смысл и самому поспешить эякулировать непосредственно за женщиной: чем быстрее это произойдет после того, как женщина испытала оргазм — тем больше и надежнее мужчина сохранит свою энергию в женщине.

5. Окончание мужчина производит только и исключительно внутрь сосуда и соблюдение этого условия крайне важно, при этом допускается и приветствуется любая контрацепция.

6. Окончание допустимо в любое из трех возможных вариантов с наиболее энергетически адекватным во влагалище.

7. После окончания мужчиной, последний успокаивает женщину неспешными ласками, в надежде на то, что женщина сможет быстро заснуть, это — абсолютно идеальный вариант.

Следующий метод мне известен как увеличивающий интереса женщины к соитию и предварительному возбуждению. Сон также непосредственно важен для сексуального здоровья. Существует вот такая известная мне медитация, которая готовит женщину к правильному соитию.

1. Лежа или сидя, положите одну руку на живот, а другую на грудь. Глубоко вдохните, почувствовав расширение грудной клетки, а затем живота. На выдохе обратите внимание на напряжение мышц нижней части живота и таза. Сосредоточьте энергию в области таза на выдохе.

2. На выдохе визуализируйте, как любовь и энергия излучаются из вашего сердца по всему телу. Позвольте им охватывать вас и медленно накапливаться.

3. По мере накопления энергии попробуйте несколько раз тяжело дышать ртом. Многие женщины сообщают, что их тяжелого дыхания иногда бывает достаточно, чтобы возбудиться. Представьте, как ваше дыхание движется вниз по груди на вдохе и вверх по спине на выдохе.

4. Как только вы освоитесь с этой схемой, начните мягко сокращать мышцы таза каждый раз, когда вы выдыхаете, чтобы направить кровь во влагалище.

5. Регулярно повторяйте упражнение, чтобы развить контроль над телом и мышцами. Если вы будете делать это чаще, это поможет вам чувствовать себя более комфортно. Вы войдете в состояние возбуждения, которое поможет делу двигаться быстрее, когда вы занимаетесь сексом.

САМОУДОВЛЕТВОРЕНИЕ

Медицинский баланс при мастурбации имеет две составные части. Первая часть заключается в понимании положительных и отрицательных аспектов практики. Например, мастурбация обычно приводит к быстрому выплеску энергии и успокоению, что может помочь с высокими раздражительными состояниями и улучшить качество сна. Но следует понимать, что мастурбация может также привести к раздражению и даже депрессии, если достигать оргазма слишком часто. Так, например, вам скорее всего не удасться заснуть, если вы решили заняться самоудовлетворением дважды перед сном.

Вторая часть медицинского баланса при мастурбации заключается в принятии мер, чтобы избежать контекстных проблем. Оновная проблема, собственно, состоит в том, что вам становится неинтересен контакт с женщиной. На медицинском уровне это представляет собой эректильную дисфункцию в худшем случае, или, в самом лучшем варианте — низкий уровень заинтересованности в новых контактах с женщинами, поскольку это очень сложно эмоционально. Вам придется подвергать раз за разом риску отказа, причем не всегда дружелюбного, хотя, разумеется, нет ничего плохого в том, что мужчина предлагает женщине отношения. Одним из способов каким образом можно поставить собственные эмоции под контроль, не потеряв при этом либидо при самоудовлетворении — это его упорядочить. Например, можно определить регулярность для этого действия заранее, допустим, один раз в неделю по определенным дням. Другой важный аспект состоит в том, чтобы полностью отказаться от стимулирующих видео или фото — уровень вашего влечения должен самостоятельно поддерживаться вами на достаточном уровне для последовательного развития отношений с женщиной. Важно избегать любого присутствия тревожности в таких отношениях, что достижимо через поддержание баланса Базовых действий.

Обдумайте тщательно эти мысли.

Преодоление естественных препятствий

Препятствия всегда были вокруг нас. Природа предоставляет нам бесконечное количество примеров естественных преград: пересеченную местность, валуны или скалы. Если подумать глубже, то можно найти и более косвенные — засухи, наводнения, сильные ветры или даже ураганы, проверяющие на прочность все на земле. Существуют и препятствия другого уровня, в виде паразитов, жуков и других организмов, которые мешают вам на природе. Торнадо, шторма или пожары дополняют картинку естественных препятствий.

Мы могли бы жить в гораздо более безопасном мире, не беспокоясь о плохих погодных условиях, других обстоятельствах или стихийных бедствиях — наши деревни, поселки и города являются для нас достаточно надежными и проверенными убежищами. По крайней мере, от упомянутых природных опасностей.

Мы также сталкиваемся со многими препятствиями андрогенного происхождения — будь то внутренние (наши собственные психические проблемы, предубеждения и фобии или даже более простое переосмысление, не отставание от соседей), межличностные — другие люди пытаются украсть наше имущество, идеи или время. Социологические — неурядицы в странах, финансовые кризисы, вызванные никак не связанными с нами органами, конкуренты или просто ежедневная борьба за то, чтобы зарабатывать на жизнь, быть успешным или признанным, быть счастливым в отношениях.

С учетом нашего воображения и вообще способности к абстрактному мышлению мы также прекрасно справляемся с созданием себе собственных препятствий.

Давайте посмотрим, как природа справляется с препятствиями, она не паникует — любое препятствие, с которым она сталкивается, является лишь частью ее пути. Она не беспокоится, не жалуется и не испытывает стресса. Она просто сразу ищет новый путь после появления любого препятствия.

Травинка пробивает асфальт путем медленных, постепенных, но постоянных усилий с течением времени. Она не жалуется, она просто делает то, что умеет лучше всего — растет и ищет солнечный свет, она находит каждую возможную трещину и маленькую щель и прорастает сквозь них.

Подобные примеры можно найти повсюду в природе. Лес всегда восстановится после пожара, засухи, бури, наводнения, только дайте ему время. Он делает это посредством медленных, постепенных и устойчивых усилий.

Преодолевайте препятствия в нашей жизни естественным путем. Давайте внимательно посмотрим на условия, в которых развивается природа. Вероятно, можно выделить коренное отличие — реакцию. Есть старая каббалистическая притча о тигре, слоне и шакале и их животных реакциях. Известно, что три основные животные реакции формируют большинство сценариев в природе. Агрессия, Страх, Ступор. Слон встречает тигра и может напасть на него, однако, не нападает — слоны не питаются тиграми, а тигры не охотятся на слонов. Для каждого из этих животных Природа выбирает отсутствие реакции. Далее, тигр встречает шакала. Шакал спокоен — никакого смысла нападать на шакала у тигра нет, даже если он голоден — затраты энергии будут для тигра нецелесообразными. Природа выбирает отсутствие реакции. Далее, Тигр встречает другого тигра и чисто теоретически они конкуренты за охотничьи угодья и самок. Это уже достаточный *casus belli*[104]. Вообще достаточный, но природа различает контексты: сейчас не брачный сезон и у тигров полно мест для охоты. Два тигра должны были остановиться в вечном ступоре — они равносильны по влиянию друг на друга. Однако, Природа снова выбирает отсутствие реакции.

Другими словами, чему нас учит природа: не реагируйте слишком остро — паника, стресс, отчаяние как реакция на внешние обстоятельства, для целей этой книги давайте назовем эти обстоятельства триггером. Смотрите на это как на то, что уже произошло, и никакое отчаяние не изменит этого. Это есть, это — часть вашей жизни сейчас, это — нормально. Наблюдайте за ситуацией, анализируйте, знайте, что перед вами, но сохраняйте спокойствие и упрямую веру в себя, основанную на нижеперечисленных объективных действиях:

- Ищите решения, а не проблемы. Помните, что, как и в природе, вы можете преодолеть любое препятствие, если уделять достаточно времени медленным и постепенным усилиям. Обратите внимание на медленную и постепенную часть — не торопитесь, работайте медленно, но систематически. Нет смысла пытаться сделать все и сразу и устать от проблемы или объективно навредить себе. Природа ничего не решает быстро и лихорадочно, но все решает в конце концов.

- Продолжайте пробовать — ваши первые решения могут оказаться не теми, которые приведут

---

[104] *Казус белли* (от лат. *casus belli* «повод для войны»; мн. *casus belli*) — действие или событие, которое либо провоцирует, либо используется для оправдания войны.

вас к цели. Но это способы исключить больше вариантов. Если вы не попробуете больше из них, вы можете не найти способ обойти препятствие. Первый может не сработать, а также второй и даже третий. Но один в итоге будет работать.

КАК ПРЕОДОЛЕВАТЬ ПРЕПЯТСТВИЯ В БИЗНЕСЕ

Независимо от того, строите ли вы карьеру или идете по пути предпринимательства, вы столкнетесь со многими препятствиями. Юридические препятствия, бухгалтерские препятствия, конкурентные препятствия, финансовые препятствия и т. п. Вы также можете преодолеть их все, придерживаясь принципов природы. Не нервничайте и не паникуйте, а наблюдайте и ищите решения и способы обойти препятствие. Как только вы найдете решение, медленно работайте над ним, улучшайте ситуацию постепенно, но регулярно, и проблема изживет себя. В управлении проектами это правило применяется через сегментацию большой задачи на множество более мелких.

Будьте благодарны своим препятствиям: во многих случаях препятствие — это ваша лучшая возможность учиться и расти. Все известные бизнесы основаны именно на устранении какого-то несовершенства рынка. Они не рождались в одночасье как блестящая идея гениального ума, а медленно вырастали до своей сегодняшней формы путем нахождения решений препятствий (ибо зачастую исходили из совершенно другой исходной идеи, как, например, монахи-Бенедиктинцы, создавшие шампанское, совершенно не планировали его делать). История возникновения шампанского прозаична, ведь на самом деле его никто не изобретал. Напиток появился самостоятельно, при том совершенно случайно. Поначалу виноделам не понравились эффектные пузырьки в шампанском — они посчитали их дефектом. Однако, оценив самобытность напитка, было решено довести его до совершенства.

Долгое время жители региона Шампань завидовали популярности напитков, которые производились в Бургундии. В конце концов они решили добиться такой же славы для своего вина. Настрой был очень серьезным, но из-за прохладного климата местные жители столкнулись с непредвиденными преградами: у плодов была высокая кислотность и небольшое содержание сахара. Кроме того, виноград плохо поспевал. Вина, в силу значительно более прохладного климата, чем в Бургундии, получались тусклого оттенка, а о высокой плотности не могло быть и речи. Однако, этот же климат замедлял ферментацию и уменьшал скорость брожения, что позволило путем множества различных мелких деталей[105] достичь совершенства в изготовлении напитка.

---

[105] Это, на самом деле, важный и интересный аспект: Дом Периньон — тот самый монах, который в 1668 занял должность управляющего Бенедектинского аббатства, не был изобретателем традиционного шампанского, поскольку эффект шампанирования вин был уже известен, но считался дефектом из-за очень резкого вкуса, с которым, однако, монах справился и именно он и ускорил процесс получения знаменитого алкоголя.

Своей основной задачей монах считал избавление вина от пузырьков, а потому создал особо жесткие методы для снижения возможности появления этого недостатка:

• подрезал лозу, чтобы ее длина была не более 1 метра;
• собирал виноград только на заре, пока плоды еще не успели нагреться на солнце;
• использовал для перевозки гроздьев только ослов и мулов, считая, что они спокойнее лошадей, а значит, виноград прибудет целым;
• пересматривал каждую виноградину и утилизировал те, которые были слегка помяты или полностью раздавлены.

КАК ПРЕОДОЛЕТЬ ПРЕПЯТСТВИЯ В УПРАЖНЕНИЯХ И ПИТАНИИ

Я вижу смысл в том, чтобы изменять свое тело через долгосрочную пользу для здоровья, которая также проявляется в здоровом телосложении, для этого вам нужны постепенные и устойчивые усилия с течением времени. Позвольте мне сказать самое главное, что я знаю о правильном питании сначала: есть надо для того, чтобы утолить голод, а не для того, чтобы компенсировать неудачи, стресс не потому, что в вашей синагоге или мечети вас просят попробовать каждое блюдо на столе.

Вы не увидите никаких хороших, долгосрочных результатов от краш-диеты. Вам нужно изменить то, как вы едите и двигаетесь в целом — так, чтобы вы могли поддерживать его в течение длительного периода времени (всю жизнь!). Только после длительных периодов непрерывных усилий и позитивных изменений вы увидите желаемые результаты — потеря веса и его снижение, набор мышечной массы и сохранение ее, станете более проворными и останетесь такими же. Однако, с практической точки зрения, для меня вполне сработала такая практика оздоровления организма: при наборе веса вы должны, во-первых, поставить этот вопрос насколько возможно остро и немедленно после того как вы это осознали, начать работать над собой. Первое, что имеет смысл сделать — это прекратить нездоровое питание, алкоголь, сладкое в безумных количествах и т. п. Написать, разумеется, это просто, сложнее сделать.

Я делаю это так: я прекращаю питаться вообще на пять полных суток, во время которых никакой совершенно еды я не употребляю, только воду или чай. Это дает возможность разумно продумать текущую диету и осознать какие делаются ошибки. После трех дней воздержания есть уже не хочется и к шестому дню я подхожу без непосредственного голода. На шестой день я позволяю себе наиболее легкий из возможных овощных салатов. После голодания, здоровая еда кажется подарком небес. На следующий день я уже могу есть все, что хочу, но воспоминание о том, как мне стало хорошо от употребления хорошей пищи, остается надолго. Это позволяет изменить диету на ту, которая больше подходит для конкретно вашего организма. После этого вы сможете себе позволить есть меньше еды вообще и, со временем, перейти к размеренному питанию, которое вас оставляет слегка голодным всегда после принятия пищи. Все это проходит с минимальным стрессом, и вы начинаете выбирать вашу еду.

Все это требует работы и практики с течением времени. Также нельзя перебарщивать — слишком усердно заниматься каждый день не принесет желаемых результатов. Это нелинейно: «чем больше и усерднее работаю, тем больше мышц наращиваю» — неправильно. Существует такая вещь, как слишком много упражнений, когда вашим мышцам не хватает времени для восстановления и роста. Но я не боюсь ежедневных тренировок — я просто распределяю их интенсивность в течение недели.

Упражнения с умом, с достаточным временем отдыха, а главное — регулярные и в течение более длительных периодов времени — вот что делает возможными обеспечить такие длительные изменения.

Однако, надо различать манифестацию изменений, которую, по моему мнению, лучше всего осуществлять каким-либо значимым действием. Например, я практикую более строгую диету при подготовке к соревнованиям или просто, когда выхожу за диапазон желаемого веса, я перехожу на уже описанное выше пятидневное голодание, из которого выхожу интервальным голоданием (еда на каждые вторые сутки в течение 10 дней). Главный урок правильного питания, однако, дает сама природа: ешьте только тогда, когда голодны.

Последний момент, который я здесь затронул, — это то, что вам имеет смысл самим принимать решение о вашем здоровье, внешнем виде, мышечной массе и т. п.

В японской традиции есть понятие *убаитори*[106], включает в себя символы кандзи четырех знаковых деревьев, которые цветут весной: вишневое дерево, сливовое дерево, персиковое дерево и абрикосовое дерево. Они цветут рядом друг с другом, но все по-разному. Вот почему концепция *убаитори* так хорошо сочетается с концепцией *икигай* — все дело в том, чтобы найти время, чтобы оценить свой собственный уникальный характер, черты и способности.

Этот термин подразумевает, что сравнение ваших собственных усилий и навыков с другими не имеет значения. Почему так? Потому что поиск собственной ценности заключается в том, чтобы тратить время на собственную уникальную историю, при этом понимая свою связь с другими.

Обдумайте это тщательно.

---

[106] *Убаитори* — одна из идиом Ёдзидзюкуго (яп. 四字熟語) — японская лексема, состоящая из четырёх кандзи. В широком смысле относится к японским составным словам, состоящим из четырех символов кандзи. Однако в узком или строгом смысле этот термин относится только к соединениям из четырех кандзи, имеющих особое (идиоматическое) значение, которое нельзя вывести из значений составляющих их компонентов.

Противостояние внутренним врагам

Внутреннее сопротивление — битва с самим собой. Концепция внутреннего сопротивления упоминалась мимоходом как один из основных субъективных факторов, препятствующих производительности и вообще любому поступательному движению.

Внутреннее сопротивление — это сопротивление изменениям внутри организации или другой группы или, собственно, в нас самих. Это может принимать форму противодействия со стороны отдельных лиц или коллективное отношение, такое как общее убеждение в том, что предлагаемое изменение не сработает или в него не стоит вкладывать средства. Внутреннее сопротивление может быть вызвано страхом, привычкой или привязанностью к тому, как все делалось всегда, и оно часто проявляется как негативное отношение и сопротивление новым идеям. В контексте производительности внутреннее сопротивление может замедлить процесс внедрения новых стратегий или технологий и помешать нам достичь желаемых целей.

Знакомо ли вам чувство, что вы не сделаете то, что уже пообещали сделать из-за внутренних сомнений? В день написания этой части книги мне позвонил один финансовый брокер, с которым мы делали крупную сделку, не сделали, поскольку, как я был убежден, этот брокер не верил в успех. Сделку я сделал с другим советником, который был восхищен нашей идеей достроить многолетний недострой через применение современных технологий энергосбережения и использования источников возобновляемой энергии, сделав при этом, жилье доступным, что сразу позволило претендовать на налоговые льготы и сделало сделку более привлекательной эмоционально. Хотя проект получился на десятки миллионов долларов дороже, но он смотрел не в прошлое, а в будущее, и деньги дали.

МОЗГ РЕПТИЛИИ

Я не про рептилию. *«Мозг ящерицы»* — это термин, используемый для описания части нашего мозга, отвечающей за обработку эмоций[107]. Биологически она известна как миндалевидное тело. Он также отвечает за страх и срабатывает, когда скрывается опасность.

В доцивилизационную эпоху эта древняя часть нашего мозга помогала людям инстинктивно реагировать на угрозу, не задумываясь, тем самым защищая нас от вреда. Однако с меньшей такой угрозой и быстро меняющейся цивилизацией мозг ящерицы, враждебный изменениям, стал большим препятствием для роста и прогресса.

Каждая задача, за которую мы беремся, сопряжена с элементом риска, наиболее заметным из которых является риск неудачи. С этими задачами также связаны некоторые формы изменений. Эти факторы активируют мозг рептилии, и он воздвигает стену против наших действий в виде вопросов об альтернативах выбранному решению, последствий неудач и т. п.

---

[107] *Триединый мозг* — это модель эволюции переднего мозга и поведения позвоночных, предложенная американским врачом и нейробиологом Полом Д. Маклином (Paul D. MacLean) в 1960-х годах. Триединый мозг состоит из комплекса рептилий (базальные ганглии), комплекса палеомалек (лимбическая система) и комплекса млекопитающих (неокортекс), каждый из которых рассматривается как независимо сознательный и как структуры, последовательно добавляемые к переднему мозгу в ходе эволюции. Согласно модели, базальные ганглии отвечают за наши первичные инстинкты, лимбическая система отвечает за наши эмоции, а неокортекс отвечает за объективные или рациональные мысли.

Эти вопросы служат основой внутреннего сопротивления нашему врожденному желанию добиться прогресса, и если сопротивление преобладает, мы заканчиваем тем, что откладываем задачи или даже саботируем все вместе в ущерб себе.

БИТЬ ИЛИ БЕЖАТЬ?

Мозг ящерицы также связан с реакцией «бей или беги». Каждый вызов, с которым мы сталкиваемся, побуждает этот мозг реагировать ступором, борьбой, либо бегством.

«Бороться» в нашем ограниченном контексте означает нанести ответный удар внутреннему сопротивлению, созданному нашим мозгом ящерицы, и справиться с поставленными задачами. «Бегство», с другой стороны, является признаком избегания. В «бегстве» мы поддаемся внутреннему сопротивлению и уклоняемся от задач, сопряженных с риском и потенциальными изменениями. Ступор же, как самая тяжёлая из указанных стадий внутреннего сопротивления, наиболее опасен, так как он оставляет нас совершенно беззащитными к внешним обстоятельствам.

Все это, разумеется, не ново, довольно интересно, но как на практическом уровне бороться с паникой, которая охватывает, когда нужно что-то делать? Ниже я привожу методы для достижения конкретного результата — ослабления железной хватки вашего эго.

Игнорировать

Итак, все, что нам нужно — это забыть про стенания мозга рептилии и двигаться дальше по нашим блестящим планам. Очевидно, что это — самый неразумный из подходов и он только лишь закончится нагромождением и, в конечном итоге, реализацией рисков, как бы нам не хотелось иного.

Договариваться

А в чем же тогда состоит альтернатива отказу от рискованной стратегии, которой боится ваш мозг рептилии? Ответ такой — договариваться с мозгом рептилии: предусматривать различные механизмы защиты и уменьшения действия рисков, причем такие, в действенность которых мозг рептилии поверит. Как мы уже описывали выше, можно сегментировать риски, разбивая их на более мелкие, с которыми, собственно, и иметь дело по мере возникновения/обострения.

Предусматривать неожиданности

Другой, значительно более продвинутый способ — это закладывать неудачу в модель сделки. Так как неудача — это часть процесса, то, если вы вложите в бюджет вашего предприятия 3 – 4 неудачи по пути в выработке адекватного алгоритма жизнедеятельности вашего бизнеса, вы можете откорректировать свои действия уже в процессе работы без значимого риска отказаться от проекта вообще.

Назвать своим именем

Однажды я обсуждал сделку с малознакомым человеком и прямо в процессе мне стало понятно, что мое решение для него — невыгодно в долгосрочной перспективе. Я ехал к нему на встречу полтора часа, однако это же не повод, чтобы потерять несколько недель в бесплотных переговорах или, что еще хуже, сделать плохую сделку, которая никому не нужна, что бывало в моей жизни, к сожалению. Я сразу ему сказал о том, что не вижу для него особой перспективы, пояснив причины. Мы рассмеялись и решили просто попить чаю.

Разговорившись, мы неожиданно затронули наши два актива, которые выглядели комплементарными. У меня совершенно неожиданно сперло дыхание от волнения — сделка выглядела нереально выгодной для нас обоих. Но проблема стала развиваться — я стал тихо кашлять, совершенно не в силах совладать с собой. Я понял, что я просто не могу сейчас обсудить интересующий меня вопрос и время для, собственно, питча — *презентации для лифта*[108] безвозвратно уходит. Я внезапно осознал, что это мое эго блокирует новую неизвестную тему и внутренне посмеялся над его страхами. Кашель исчез, и я закончил питч великолепно.

Внутреннее сопротивление — не враг. Это чрезмерно заботливый друг, который стремится помочь нам, но иногда делает прямо противоположное. Однако эта неотъемлемая часть человеческой психологии может быть преимуществом, если использовать ее тактично. Внутреннее сопротивление — это часть вашего эго — вашего благословения и вашего

---

[108] *Презентация для лифта* (или речь для лифта) (англ. *Elevator Pitch* или *Elevator Speech*) — короткий рассказ о концепции продукта, проекта или сервиса. Термин отражает ограниченность по времени — длина презентации должна быть такой, чтобы она могла быть полностью рассказана за время поездки на лифте, то есть одну-две минуты.
Термин обычно используется в контексте презентации антрепренёром концепции нового бизнеса партнеру венчурного фонда для получения инвестиций. Поскольку представители венчурных фондов стремятся как можно скорее принимать решение о перспективности или бесперспективности того или иного проекта или команды, первичным критерием отбора становится качество «презентации для лифта». Соответственно, качество этой речи и уровень её преподнесения имеют главенствующее значение и для руководителя стартапа, стремящегося найти финансирование.
Правильно составленная презентация для лифта отвечает на вопросы:
- какой продукт предлагается,
- какие преимущества имеет продукт,
- информация о компании.

проклятья. Задумайтесь, как нелепо и смешно звучит фраза «я раньше так делал, но я сумел победить свое эго»[109]: ваше эго растет с вами и всегда равно вашему интеллекту в сопротивлении вашему развитию — не дайте ему себя обмануть.

Поразмышляйте над этим отдельно от других мыслей.

---

[109] Если следовать каббалистической теории, ваше эго начнет отступать после 62 – 64 лет, а до этого ваши победы над эго — временные и в течение максимум трех месяцев эго восстанавливает себя в своих правах после вашей очередной над ним победы. Мне случалось видеть свое эго со стороны и даже проходить в него из практически отсутствия видимого эго до его текущего уровня во время глубоких медитаций и я уяснил для себя следующее: 14 миллиардов лет нашего развития нам позволили сделать только несколько детских шагов и, в целом, ситуация с нашей осознанностью пока просто ужасающая и, как я это для себя увидел, мы развились не более двух процентов от возможного.

Противостояние внешним врагам

«У тебя есть враги? Хорошо. Значит, в своей жизни ты что-то когда-то отстаивал.»

Уинстон Черчилль[110]

Кого считать внешним врагом? Каббалистическая притча рассказывает об отце, который отбирает у сына острый нож, который он использует при производстве обуви и говорит сыну, что в свое время будет счастлив познакомить его со своим ремеслом, даст ему в руки все инструменты, включая этот нож, но пока, в интересах безопасности, он этот нож у ребенка решает отнять. Сын расстроен: ему не вполне понятен отцовский нарратив, а смысл происходящего станет понятен только много лет спустя. Так и Вселенная, порой, забирает у нас из рук опасные инструменты и мы спешим обвинить её в невнимательности к нашим нуждам. Во врагов мы можем записать и случайных людей, которые отстаивают свои интересы так, как они их понимают.

Например, в Нью-Йорке ужасно с парковкой, а администрация города к выборам решила поиграть в популизм и сделала разметку, которая лишила город 10 % парковочных мест. Неожиданно и без того острая ситуация стала еще острее. Однажды летним вечером я припарковался недалеко от своего дома, причем перед парковкой мне пришлось подождать несколько минут пока уедет такси, которое ждало клиента. Вместе со мной в машине сидела девушка, на которую у меня были определенные планы. Однако, было видно, что девушка колебалась. Когда такси уехало, я включил поворотник и стал парковаться. Полностью закончив маневр и уже выключив двигатель, я собирался выйти из машины, чтобы галантно открыть дверь для моей

---

[110] You have enemies? Good. That means you've stood up for something, sometime in your life.

спутницы. Однако, в эту же секунду около меня остановилась красная машина и мужчина в ней стал грязно ругаться, требуя освободить ему место для парковки, потому что он тоже, как оказалось, его ждал.

Пикантность момента заключалась состояла в том, что у нас было достаточно места для того, чтобы, действуя сообща, запарковать обе машины. На это я сразу и указал. Однако, с учетом того, что мужчина начал общение на агрессивной ноте, его эго не позволило ему разумно посмотреть на ситуацию и он продолжил яростно выкрикивать ругательства. С учетом наличия в машине моей спутницы ситуация становилась некрасивой. Я предложил ему выйти из машины и решить все вопросы по-мужски, имея в виду, прежде всего, спокойно и рассудительно объяснить ситуацию, однако, если того потребует существо момента, в крайнем случае, ответить применением силы на агрессию в крайнем случае. Мужчина радостно согласился.

Пока я вышел из машины и ждал, он открыл багажник и вытащил из багажника бейсбольную биту. С битой наперевес, он, и так довольно крупный мужчина, ринулся в атаку. Как ни странно, это показалось мне настолько ужасно комичным именно с точки зрения позиции самого нападающего: явно непропорциональная агрессия с применением оружия грозила этому человеку десятилетиями в тюрьме независимо от исхода. Это при том, что в ближнем бою, который я планировал, бита скорее проблема, нежели решение. Его проигрыш был совершенно очевиден, если только я проявлю упорство и не поддамся на угрозу. В любом развитии событий его фиаско было совершенно очевидно, повторяю, при условии, что я выбираю путь максимальной для себя физической опасности, или, как это дальше описывается в этой книге, если я выбираю смерть.

В общем, я расхохотался: я был «в броне своих святынь[111]» — не делал ничего некрасивого ни на каком уровне и предлагал закончить вопрос миролюбиво. Если говорить серьезно, то кроме, собственно, гипотетической угрозы прекращения моего существования, все козыри были на моих руках. При любом варианте событий этот человек оказывался в минусе, причем, ему было совершенно очевидно, что я не планирую сдаваться без боя. Без боя, в котором он уже проиграл фактом немотивированной агрессии. Мужчина из красной машины совершенно опешил и удивленно-пристально смотрел на меня. Я же, продолжая хохотать, медленно встал в открытую стойку хачи джи дачи — где боец развернут полным корпусом к нападающему, лишь немного разведя опущенные руки в стороны. Агрессор бросил биту и убежал, поначалу даже оставив своё авто посередине дороги. Когда он уехал, я забрал трофейное оружие с дороги и помог девушке выйти из машины. Надо ли говорить, что у нее больше не было сомнений относительно моей кандидатуры на этот вечер, а кроме того я стал богаче на одну единицу спортивного инвентаря. Месяцем позже, примерно таким же образом, я стал счастливым владельцем трех прекрасных керамических ножей после встречи с молодежной бандой в Бруклине.

Весь этот опус не только и не столько о внешнем враге — он больше: он о враге внутреннем. Не позволяйте своему внутреннему врагу — эго — сочетать свои усилия с внешним недругом, и перед вами будет только чистая ситуация, которая почти всегда имеет простое решение.

---

[111] ...И я в родне гиппопотама:
Одет в броню моих святынь,
Иду торжественно и прямо
Без страха посреди пустынь.
Николай Гумилев.

Однако есть враги, которые целенаправленно хотят лишить вас жизни, имущества, собираются причинить вред вам или вашим близким. И против вас действует не случайный человек, который подсознательно ищет выплеска норадреналина[112], а чаще группа лиц, действующая осознанно и целенаправленно действует по заранее подготовленному плану, умело пытаясь обставить покушение как несчастный случай, случайность, беспричинный акт агрессии или преступление с целями, отличными от задуманных.

Это те, кого посылают, чтобы остановить ваши мысли, идеи, темы, слова и действия через таргетированное насилие. Обычно вы не представляете для них непосредственной опасности, но ваше мировоззрение несет угрозу их будущему, как они его понимают. Если вы делаете то, во что верите, вы на правильном пути — нет лучшего одобрения вашей деятельности, чем враг, который хочет лишить вас жизни только за это.

Я счастлив иметь подобных недругов в своей жизни, но, тем не менее, не готов без боя отдать им свою жизнь. В борьбе с этими врагами помогает дисциплина и навык осторожности. Практика показывает, что для того, чтобы идентифицировать немедленную опасность, часто бывает достаточно просто не проявлять откровенной беспечности. Главный принцип, таким образом, состоит в том, чтобы оценить угрозу до ее возникновения и принять минимальные меры

---

[112] *Норадреналин* — гормон, который принимает участие в реализации реакций типа «бей или беги», но в меньшей степени, чем адреналин. Уровень норадреналина в крови повышается при стрессовых состояниях, шоке, травмах, кровопотерях, ожогах, при тревоге, страхе, нервном напряжении. Данный гормон может отвечать за общую активацию деятельности мозга (например, торможение центров сна), увеличение двигательной активности, снижение болевой чувствительности (исполняет роль обезболивающего), улучшение обучения («учит» побеждать опасности), положительные эмоции («чувство победы»).

предосторожности в виде применения принципа «не помогай».

Тема хорошо изучена, но, если кратко, то имеет смысл придерживаться принципа *«красных зон»* — мест, где бывать не нужно в силу невозможности обеспечить практическую безопасность, предпочитая им контролируемые пространства, где безопасность обеспечивается усиленными мерами. Заострите своё внимание на необычных или труднообъяснимых обстоятельствах, особенно таких, которые ограничивают ваши передвижения, мешают уйти «по-английски», исключают возможность прерывания коммуникации в случае необъяснимого поведения и т. п.

Не помогайте своим врагам, как ни банально это звучит. Не изменяйте своим намерениям в угоду чьим-то интересам или даже своему эго. Американская Конституция определяет измену[113] как развязывание войны против Америки и/или в присоединении к врагам путем оказания им помощи и поддержки. Сколько раз мы видели, как страна, на которую напали, продолжает торговать со страной-агрессором и, в целом, как вся история состоит из подобных моментов.

Закономерный вопрос: что делать, если вас атакует враг и есть прямая и непосредственная угроза вашей жизни или жизни ваших близких, а меры по умиротворению не помогают или на них уже нет времени? Ответ: наиболее простым и эффективным способом уничтожьте его.

Взвесьте все тщательно сейчас, не оставляя решения на момент, когда надо действовать.

[113] Article III, Section 3, Clause 1: Treason against the United States, shall consist only in levying War against them, or in adhering to their Enemies, giving them Aid and Comfort. / Статья III, Раздел 3, Пункт 1: Измена Соединенным Штатам будет заключаться только в развязывании войны против них или в присоединении к их врагам, оказывая им помощь и поддержку.

Божественные испытания

Понятие *«божественные испытания»* часто связывают с духовными или религиозными верованиями, включающими представление о высшей силе или божественной силе, наблюдающей за Вселенной и судьбами отдельных людей. Понятие божественных испытаний предполагает, что существуют проблемы или препятствия, которые мы должны преодолеть, чтобы расти и развиваться как личности.

На протяжении всей истории было много примеров божественных испытаний или испытаний, которые, как считалось, были методами определения вины или невиновности в конкретной ситуации или разрешения спора. В Средневековье и более ранних культурах было много примеров испытаний, которые использовали волю случая или Божественное Провидение для выяснения правоты или степени вины и, хотя было огромное количество примеров злоупотреблений такой практикой, само стремление выяснить истину показательно:

Испытание боем

Это была средневековая европейская практика, когда два человека сражались в физической битве, чтобы определить, кто говорит правду. Вера заключалась в том, что Бог вмешается и обеспечит победу невиновной стороны.

Испытание водой

Это была форма испытания, при котором человека, обвиняемого в преступлении, бросали в водоем. Если человек тонул, он считался невиновным, а если всплывал, то был виновен. Эта практика была распространена в средневековой Европе и использовалась как способ определить, является ли подозреваемая ведьмой.

Испытание огнем

Это была еще одна форма испытания, в котором человек, обвиняемый в преступлении, должен был пройти через огонь или держать раскаленное железо. Если человек был невредим, он считался невиновным, но если он был сожжен, он был виновен. Эта практика также была распространена в средневековой Европе и использовалась как способ определить, является ли кто-то ведьмой.

Испытание ядом

В этой практике обвиняемому в преступлении давали отравляющее вещество для употребления. Если человек выживал, он считался невиновным, а если умирал, то виновным. Эта практика использовалась в различных культурах, включая древнюю Индию.

Испытание с помощью гадания

Это был метод определения вины или невиновности путем обращения к божеству за знаком или предзнаменованием. Например, в Древней Греции человек, обвиняемый в преступлении, мог проконсультироваться с оракулом в Дельфах, чтобы определить свою судьбу. Точно так же в Древнем Риме человек мог обратиться к авгурам, чтобы истолковать полет птиц или другие природные явления как знак богов.

Стоит отметить, что эти методы божественного суда часто основывались на суевериях, а не на каких-либо реальных доказательствах, и в результате многие невиновные люди были ошибочно обвинены и наказаны. Со временем на смену этим практикам пришли более рациональные и справедливые методы определения вины или невиновности и, таким образом, несмотря на очевидную чудовищную несправедливость первых подходов к вопросу — практика привела к очевидному поступательному движению.

Во многих духовных традициях эти испытания рассматриваются как необходимые шаги на пути саморазвития и духовного очищения. Они рассматриваются как возможность извлечь важные уроки, развить новые навыки и перспективы и, в конечном счете, стать лучше.

Характер этих испытаний может варьироваться в зависимости от убеждений и культурного контекста. В некоторых случаях они могут включать физические нагрузки, такие как голодание, экстремальные температуры или интенсивные физические тренировки. В других случаях они могут включать эмоциональные или психологические проблемы, такие как столкновение со своими страхами, преодоление негативных моделей мышления или практика прощения и сострадания.

Независимо от их характера, эти испытания часто рассматриваются как трансформирующий опыт, который может помочь нам избавиться от старых привычек и шаблонов и развивать новые способы существования, которые в большей степени соответствуют нашему высшему потенциалу. Отвечая на эти вызовы с мужеством, настойчивостью и верой, мы можем развить внутреннюю силу и стойкость, необходимые для преодоления взлетов и падений жизни.

В конечном счете цель этих испытаний — помочь нам очистить наш дух и тело, отпустить то, что нам больше не служит, и подготовиться к следующему этапу нашего духовного путешествия. Это может включать в себя развитие более глубоких уровней понимания, сострадания и мудрости или просто обучение более полной жизни в настоящем моменте.

Таким образом, идея божественных испытаний — это напоминание о том, что жизнь — это путь роста и эволюции, и что вызовы и препятствия — неотъемлемая часть этого путешествия. Принимая эти вызовы с открытым разумом и сердцем, мы можем развивать качества и добродетели, необходимые для полноценной и целеустремленной жизни.

Однако, есть практический аспект божественных испытаний, который имеет для этой книги как практического гида в поисках обретения счастья: допустим, что божественные испытания важны, но каким образом выдержать внутренне эти испытания? В японской традиции есть такое понятие — *гаман*[114]. Гаман — это японский термин, означающий «переносить невыносимое с терпением и достоинством». Это культурная концепция, отражающая идею настойчивости, стойкости и стоицизма перед лицом невзгод. Гаман берет свое начало в японском дзен-буддизме и тесно связан с идеей принятия своей судьбы, которая является фундаментальным аспектом японской культуры.

Концепция гамана использовалась на протяжении всей истории Японии, чтобы помочь людям пережить множество испытаний, с которыми они столкнулись, включая стихийные бедствия, войны и экономические трудности. Один из примеров гамана в действии можно увидеть в опыте американцев японского происхождения во время Второй мировой войны. После нападения японцев на Перл-Харбор правительство США насильно переселило более 120 000 американцев японского происхождения в лагеря для интернированных, где они содержались на время войны.

Несмотря на несправедливость своего положения, многие американцы японского происхождения практиковали гаман во время пребывания в лагерях

---

[114] *Гаман* (我慢) — японский термин, пришедший из дзен-буддизма, означающий «переносить невыносимое с терпением и достоинством». Таким образом, это своего рода стоическая выносливость, хотя она также требует сохранения самоконтроля и дисциплины в трудные времена, чтобы наилучшим образом пережить бурю. Гаман это не слабость или покорность, а скорее демонстрация силы перед лицом невзгод и страданий, которые она обычно влечет за собой.

для интернированных. Они переносили суровые условия жизни, потерю своих домов и имущества, постоянную слежку и дискриминацию с терпением и достоинством. Благодаря своей настойчивости они смогли сохранить свою культурную самобытность и достоинство перед лицом невзгод.

Другой пример гамана в действии можно увидеть после землетрясения и цунами 2011 года в Японии. Катастрофа вызвала широкомасштабные разрушения, в том числе тысячи жизней, перемещение десятков тысяч людей и разрушение домов, предприятий и инфраструктуры. Перед лицом таких непреодолимых испытаний японцы практиковали гаман, перенося трудности с терпением и достоинством.

Благодаря своей стойкости и решимости японцы смогли восстановить свои общины и свою жизнь, показав миру силу гамана перед лицом невзгод.

В заключение, гаман — это культурная концепция, глубоко укоренившаяся в японском обществе, отражающая идею настойчивости, стойкости и стоицизма перед лицом невзгод. Это мощная сила, которая помогала японскому народу преодолевать многие трудности на протяжении всей его истории и продолжает вдохновлять и направлять его сегодня.

Мне случалось проходить через испытания, которые бы я не рискнул решиться повторить по своей воле, где я применял и не применял гаман. Когда все заканчивалось, мое мнение о себе было значительно лучше, ситуация разрешалась быстрее и потери были меньше, когда я практиковал гаман. Причины, вероятно, можно отчасти объяснить тем, что, если вы спокойны и сохраняете присутствие духа, вам легче принять разумное решение, а равно вы не выглядите в глазах окружающих легкой добычей. Возможно, есть и другие причины.

Философ, путешественник, писатель и художник Николай Рерих[115] говорил: «Благословенны препятствия — ими растем». Он же предлагал в своем Пакте Мира отмечать культурные ценности специальным флагом мира — тремя красными точками в красном кольце — в надежде на то, что культурные ценности, школы и музеи таким образом смогут избежать уничтожения в будущих войнах. В каком-то смысле идея заключается в абстрагировании от непосредственных контекстов конфликта и выход на проявления себя как Творца, поскольку только подобный Творцу может признать Творца в других, отставив собственные интересы для будущих поколений, ведь только то общество будет процветать, где люди готовы вкладывать усилия в будущее грядущих поколений, тогда как они не смогут воспользоваться результатами своего труда.

Задумаемся, не в этом ли часть подобия Творцу?

---

[115] *Никола́й Константи́нович Ре́рих (Рёрих)* (27 сентября [9 октября] 1874 года, Санкт-Петербург — 13 декабря 1947 года, Наггар, Химачал-Прадеш, Индия) — русский художник, сценограф, философ-мистик, писатель, путешественник, археолог, общественный деятель. Академик Императорской Академии художеств (1909). В течение жизни создал около 7000 картин, многие из которых находятся в известных галереях мира, и около тридцати томов литературных трудов, включая один поэтический. Автор идеи и инициатор Пакта Рериха, основатель международных культурных движений «Мир через культуру» и «Знамя Мира».

Глава X

Противостояние перипетиям

Термин «перипетия» происходит от древнегреческого слова περιπέτεια, что означает «внезапное изменение» или «обращение». Слово происходит от греческого глагола (περιπέτεια), что означает «падать» или «оборачиваться» — в контексте означает внезапное прекращение удачи.

В древнегреческой литературе перипетии были обычным приемом, используемым в трагедиях, где главный герой переживает внезапный поворот судьбы, часто в результате собственных действий. Этот поворотный момент должен был привести к падению или трагическому концу главного героя и был способом вызвать у публики такие эмоции, как страх, жалость и трепет.

Концепция перипетии оказала влияние на развитие повествования и драмы на протяжении всей истории. В «Поэтике»[116] Аристотеля[117] перипетия определяется как один из ключевых элементов трагедии, наряду с сюжетом, характером, мыслью, дикцией и зрелищем. Идея внезапного поворота судьбы использовалась во многих различных типах повествования, от древнегреческой трагедии до современных фильмов и романов.

---

[116] *Поэтика* (от греч. ποιητική; подразум. τέχνη «поэтическое искусство») — теория поэзии; наука, изучающая поэтическую деятельность, её происхождение, формы и значение, — и шире, законы литературы вообще.

[117] *Аристотель* (384—322 годы до нашей эры) — греческий философ и эрудит классического периода в Древней Греции, яркий пример «универсального человека». Обученный Платоном, он был основателем перипатетической школы философии в Ликее и более широкой аристотелевской традиции. Его труды охватывают многие предметы, включая физику, биологию, зоологию, метафизику, логику, этику, эстетику, поэзию, театр, музыку, риторику, психологию, лингвистику, экономику, политику, метеорологию, геологию и государственное управление.

В вопросе перипетий, согласно эллинской традиции, особое значение играет Гибрис (Θύμβρις) — персонификация гибриса: богиня, божество дерзости и гордыни. По греческому преданию, бог войны Полемос влюбился в Гибрис и преследовал её повсюду. Поэтому Гибрис не возводили святилищ в городах и других населённых пунктах, ибо вслед за наглостью народа к нему неминуемо приходит война — так объясняли греки.

Считалось, что гибрис героя неотвратимо приводит к перипетии, ибо боги снимают свое благоволение с дерзновенца, «опрокидывают навзничь, и тогда идет беда».

В современном использовании термин перипетия часто используется для описания любого внезапного или неожиданного изменения или поворота событий не только в литературе или драме. Это может относиться к любой ситуации, когда происходит внезапное изменение обстоятельств или изменение направления, которое оказывает значительное влияние на результат.

В реальной жизни перипетии также могут относиться к неожиданным изменениям или событиям, которые могут оказать значительное влияние на жизнь или обстоятельства человека. В практическом смысле, вероятно, имеет смысл сдерживать свою гордыню, как история это неоднократно показывала, как минимум в связи с тем, что мы обладаем, мягко говоря, ограниченным объемом знаний, что, например, в каббалистической традицией представлено в виде формулы 1 % знания и 99 % незнания. Стоит быть поаккуратней с гордыней при таком распределении, надо полагать.

Однако, что же делать, если перипетий не избежать в силу базовых вводных? Вот несколько примеров устойчивости к перипетиям:

Устойчивость

Устойчивость — это способность адаптироваться и оправляться от невзгод. Те, кто устойчивы, могут лучше справляться с перипетиями, признавая ситуацию, принимая свои эмоции и предпринимая активные шаги для продвижения вперед. Основа устойчивости — во внутреннем спокойствии. Такое спокойствие вполне достижимо, если вы примиритесь эмоционально с худшим развитием событий и будете радоваться любому более позитивному развитию событий как к чуду.

Гибкость

Гибкость может помочь людям приспособиться к изменяющимся обстоятельствам. Люди, открытые для новых идей и различных способов ведения дел, с большей вероятностью найдут решения, сталкиваясь с перипетиями.

Планирование

Хотя невозможно спланировать все непредвиденные обстоятельства, наличие плана может помочь смягчить последствия перипетий. Люди, у которых есть планы на случай непредвиденных обстоятельств, резервные фонды или стратегии резервного копирования, лучше подготовлены к непредвиденным событиям. На уровне каждого человека это означает, что нужно откладывать 10 % от каждого заработка и держать для этого специальный счет. Этот счет может использоваться только в непредвиденных обстоятельствах, своих или чужих, как мы обсудим это дальше в этой книге.

Сеть поддержки

Наличие сильной системы поддержки может иметь большое значение при работе с перипетиями. Будь то друзья, семья или профессиональная сеть, наличие людей, на которых можно положиться, может помочь людям управлять своими эмоциями и находить решения.

Позитивное мышление

Позитивное мышление может помочь людям сосредоточиться на возможностях, связанных с перипетиями. Вместо того, чтобы зацикливаться на негативных аспектах ситуации, люди с позитивным взглядом с большей вероятностью будут искать решения и находить новые способы процветания.

Обсудите это с мудрым человеком.

Глава XI

Избегание перипетий

Перипетий, или внезапных поворотов судьбы, бывает трудно избежать, поскольку неожиданные события и перемены являются частью жизни. Однако есть несколько вещей, которые люди могут сделать, чтобы смягчить последствия перипетии и снизить вероятность ее возникновения:

Контроль Высокомерия

Высокомерие, или чрезмерная гордость и высокомерие, является распространенной причиной перипетий в литературе и в реальной жизни. Люди, которые верят, что они непобедимы или выше правил, с большей вероятностью пойдут на ненужный риск или примут решения, которые приведут к их падению. Признавая свои ограничения и оставаясь скромным, люди могут избежать переоценки своих способностей и ошибок, которых можно было бы избежать. Известно много способов избежания высокомерия, например изучение достижений науки, искусства, чтение книг — все, что позволяет увидеть чужой интеллект, силу, способности, храбрость, стойкость. Есть комбинированные способы: одним из самых мощных способов является путешествие. Путешествие помогает замедлить течение времени (а «время» — это всего лишь еще один синоним слова «жизнь») за счет новых впечатлений, которые вы получаете, что, теоретически, шаг в пользу расширения вашего информационного канала, и, соответственно, эго, но прелесть в том, что вы неизбежно встречаете свидетельства великих достижений других людей по пути, прямо начиная от вашего способа передвижения, потом вы изучаете достопримечательности, обязательно замечаете позитивные стороны у других людей. И, таким образом, все балансируется.

Принятие неопределенности

Хотя невозможно предсказать все потенциальные перипетии, люди могут быть лучше подготовлены, принимая тот факт, что жизнь неопределенна и что ее частью являются неожиданные изменения. Принимая неопределенность, люди могут оставаться гибкими, быть открытыми для новых идей и легче адаптироваться к меняющимся обстоятельствам.

Повышение устойчивости

Развитие устойчивости может помочь людям справиться с перипетиями, когда они все же случаются. Воспитывая позитивный настрой, создавая сильную систему поддержки и разрабатывая механизмы выживания, люди могут оправиться от неудач и преодолеть трудности. В каком-то смысле позитивный внутренний настрой представляет собой внутренний квантовый механизм защиты от негативных случайностей.

Этот аспект мне кажется важным и давайте на нем остановимся поподробнее. Идея о том, что позитивное мышление[118] может иметь квантовый эффект на нашу жизнь, стала популярной в последние годы, но важно отметить, что на момент написания этой книги формально классическая наука пока не подтверждает

---

[118] Я намеренно не буду углубляться в контекст важности позитивного мышления, но мои убеждения, основанные на фрагментарных знаниях из более, чем 10 000 различных книг, которые я прочитал в своей жизни, моем жизненном и моем околосмертном опыте рисуют мне примерно такую картину: основой мироздания является мысль, которая трансформируется в энергию света при понижении вибрации, при дальнейшем понижении вибрации эта энергия трансформируется в элементарные частицы, затем в атомы и, последовательно, в материю. У этого процесса есть свои законы, которые связаны с эффектами приобретения скорости, понижения скорости, изменения частоты вибрации и гравитации, однако, взаимосвязь мысли и материи для меня совершенно очевидна.

это утверждение, поэтому проявим разумную осторожность в суждениях. Однако опыты, произведенные на Большом Адронном Коллайдере[119] пока подтверждают это утверждение: разделенные частицы реагируют на воздействие с частицами, с которыми их разделили.

Квантовая механика — это раздел физики, изучающий поведение частиц в очень малых масштабах, таких как атомы и субатомные частицы[120].

Одним из ключевых понятий квантовой механики является эффект наблюдателя, который предполагает, что акт наблюдения за системой может изменить ее поведение. Однако этот эффект надежно задокументирован пока только на квантовом уровне и, не в последнюю очередь благодаря очевидным этическим проблемам, связанными с экспериментами на более комплексном уровне мироздания, и не распространяется на более крупные макроскопические объекты или системы. Надо, однако, отметить, что человечеству с древних времен известен эффект разлученных

---

[119] *Большой адронный коллайдер*, сокращённо БАК (англ. *Large Hadron Collider,* сокращённо LHC) — ускоритель заряженных частиц на встречных пучках, предназначенный для разгона протонов и тяжёлых ионов (ионов свинца) и изучения продуктов их соударений. Коллайдер построен в ЦЕРНе (Европейский совет ядерных исследований), находящемся около Женевы, на границе Швейцарии и Франции. БАК является самой крупной экспериментальной установкой в мире. В строительстве и исследованиях участвовали и участвуют более 10 тысяч учёных и инженеров более чем из 100 стран. «Большим» назван из-за своих размеров: длина основного кольца ускорителя составляет 26 659 м; «адронным» — из-за того, что ускоряет адроны: протоны и тяжёлые ядра атомов; «коллайдером» (англ. *collider* — сталкиватель) — из-за того, что два пучка ускоренных частиц сталкиваются во встречных направлениях в специальных местах столкновения — внутри детекторов элементарных частиц.

[120] *Кварки.* При бомбардировке субатомных частиц их присутствие обнаруживается современными приборами.

близнецов: близнецы, которых еще в младенчестве разделили со своими братьями и сестрами, ведут себя идентично, имеют идентичные вкусы и, зачастую, судьбу[121].

Хотя, возможно, что позитивное мышление может оказать благотворное влияние на нашу жизнь, в открытом доступе я не нашел систематизированных научных доказательств того, что оно имеет квантовый эффект. Позитивное мышление может привести к изменениям в поведении и отношении, что может оказать влияние на наше взаимодействие с другими людьми и окружающим миром. Однако эти эффекты, вероятно, не имеют прямого отношения к квантовой механике. Мой же личный опыт показывает, что позитивный настрой и, подчеркиваю, осознанное пренебрежение страхами, поворачивают стол в вашу пользу в нашей ежедневной игре в жизнь.

Планируйте на случай непредвиденных обстоятельств: Хотя невозможно спланировать все возможные результаты, люди могут предпринять шаги, чтобы подготовиться к возможным перипетиям. Это может включать в себя создание системы финансовой безопасности, наличие резервного плана на случай потери работы или других значительных изменений в жизни или наличие страховки для покрытия непредвиденных событий. Планирование в данном случае будет иметь глубокий превентивный смысл, направленный на избегание перипетий: при планировании

---

[121] Посмотрите документальный фильм «Три одинаковых незнакомца», рассказывающий о трех братьях-близнецах, которых разлучили в младенчестве и отдали в разные семьи. Дэвид, Роберт и Эдвард познакомились совершенно случайно во взрослом возрасте и долгое время пытались выяснить, зачем их разделили. Оказалось, братья стали частью психологического эксперимента, который проводили в 60-х годах на десятке близнецов.

вы будете намного лучше отдавать себе отчет в реальном положении дел и будете избегать неразумных действий, вызванных, например, вашей собственной спесью и высокомерием.

Обращайтесь за советом и отзывами. Получение отзывов и советов из надежных источников может помочь людям избежать потенциальных перипетий. Изучая различные точки зрения, люди могут выявить слепые зоны, избежать самоуверенности и принять более обоснованные решения.

Таким образом, хотя полностью избежать перипетии иногда невозможно, люди могут предпринять шаги, чтобы смягчить ее последствия и снизить вероятность ее возникновения. Это может включать в себя контроль высокомерия, позитивное мышление, принятие неопределенности, повышение устойчивости, планирование на случай непредвиденных обстоятельств, а также поиск совета и обратной связи.

Вот что я вам хотел сказать об этом.

Принципы ведения бизнеса

Бизнес (англ. *business* — дело, предпринимательство) — инициативная экономическая деятельность, осуществляемая за счет собственных или заемных средств на свой риск и под свою ответственность, ставящая главными целями получение прибыли и развитие собственного дела. Вся деятельность, которой мы занимаемся регулярно под видом бизнеса, но которая не связана с извлечением прибыли, является нашими хобби[122]. Ключевым контекстом, таким образом, является прибыльность или зарабатывание денег[123].

Есть, однако, аспект, который нечасто упоминают экономисты в связи с деньгами, но который мне кажется первостепенным для понимания того, что такое, на самом деле деньги. Мне доводилось читать книги о том, что деньги — это плохо. Мне также случалось читать книги о том, что деньги — это хорошо. Деньги, однако, как катана[124]: ни хорошо, ни плохо. Могут творить добро, а могут сеять зло — все зависит

---

[122] Хо́бби (от англ. *hobby* — увлечение, любимое дело) или увлечение — вид человеческой деятельности, которым занимаются на досуге, для наслаждения. Увлечение — то, чем человек любит и с радостью готов заниматься в своё свободное время. Увлечение является хорошим способом борьбы со стрессом, депрессией, злостью, гневом или яростью. Кроме того, увлечения зачастую помогают развить кругозор. Основная цель увлечений — помочь самореализоваться. Хобби делятся на 3 основных вида: производить вещи, коллекционировать вещи и изучать вещи.

[123] *Деньги* — всеобщий эквивалент, выступающий измерителем стоимости товаров или услуг, легко на них обменивающийся (имеющий максимальную ликвидность). По своей форме деньги могут быть особым товаром, ценной бумагой, знаком стоимости, различными благами или ценностями, записями по счетам. Выделяют основные функции денег: мера стоимости, средство обращения, средство платежа и средство накопления.

[124] *Ката́на* (яп. 刀) — длинный японский меч.

от того, кто пользуется этим инструментом. По моему глубокому убеждению — деньги — это сосуд для энергии человека, который ими владеет. Он может поступить с ними хорошо: благоразумно, во благо себе и обществу вокруг себя и тогда деньги приумножатся, или неразумно — потакая своему эго и тогда деньги покинут его. Я потратил несколько лет на изучение величайших американских семей, которые потеряли свое состояние во время и после Золотого века Америки[125], а также тех семей, кто, наоборот, сумел приумножить свои активы.

Во всех случаях был один и тот же паттерн: потеряли те, кто ставил себя в центр применения своих денег, развлекаясь, строя немыслимые по роскоши дворцы, путешествуя и скупая предметы роскоши.

---

[125] *Золотой* или *Позолоченный век* (англ. *Gilded Age*) — эпоха быстрого роста экономики и населения США после гражданской войны и реконструкции Юга. Название происходит из книги Марка Твена и Чарльза Уорнера «Позолоченный век» и обыгрывает термин золотой век, который в американской истории был позолочен лишь на поверхности. Считается, что современная американская экономика была создана в эпоху «позолоченного века». В 1870-х и 1880-х годах как экономика в целом, так и заработная плата, богатство, национальный продукт и капиталы в США росли самыми быстрыми темпами в истории страны. Так между 1865 и 1898 гг. посевы пшеницы выросли на 256 %, кукурузы — на 222 %, добыча угля — на 800 %, а общая длина железнодорожных путей — на 567 %. Доминирующей формой организации бизнеса стала корпорация. К началу XX века доход на душу населения и объём промышленной продукции в США стали самыми высокими в мире. Душевой доход в США вдвое превысил германский и французский и на 50 % — британский. В эпоху технологической революции бизнесмены строили на Северо-Востоке США новые индустриальные города с градообразующими фабриками и заводами, на которых работали наёмные рабочие из разных стран Европы. Мультимиллионеры, такие как Джон Рокфеллер, Эндрю Меллон, Эндрю Карнеги, Джон Морган, Корнелиус Вандербильт, семья Асторов, приобрели репутацию баронов-разбойников.

А те, кто, покупая активы, всегда думал о том, чтобы активно и честно заниматься благотворительностью, строить школы, разбивать парки для людей и помогать охранять природу, оказались в выигрыше. Я знаю древний японский принцип, который отчасти объясняет этот феномен.

Икигай[126] — это японское понятие, которое относится к поиску цели или причины существования. Когда дело доходит до принципов ведения бизнеса, идея икигай может быть полезной линзой, позволяющий рассмотреть суть идеи сразу с нескольких сторон. Вот четыре точки зрения, каждая из которых имеет свое уникальное понимание принципов ведения бизнеса:

Сотрудник

В качестве наемного работника принципы ведения бизнеса могут включать гарантии занятости, справедливое вознаграждение и возможности для роста и продвижения по службе. С точки зрения икигай, сотрудник может найти удовлетворение, сопоставив свою работу со своими личными ценностями и сильными сторонами. Это может включать в себя поиск работы, которая позволит сотруднику использовать свои навыки и таланты, или найти смысл в миссии или цели компании, в которой он работает.

Бизнесмен

С точки зрения бизнесмена, принципы бизнеса могут включать прибыльность, рост и долю рынка.

---

[126] *Икигай* (яп. 生き甲斐 икигаи, «смысл жизни») — японское понятие, означающее ощущение собственного предназначения в жизни; может представлять собой хобби, профессию или семью. Икигай — философия, способствующая долголетию, помогающая находить удовлетворение, радость и осознанность во всех делах каждый день. Благодаря икигай человек учится приводить в порядок мысли, замечать красоту окружающего мира и радоваться мелочам, обретает гармонию и душевный покой.

Однако с точки зрения икигай бизнесмен может также стремиться создавать ценность для своих клиентов, сотрудников и общества в целом. Найдя способ предоставить продукт или услугу, которые удовлетворяют реальную потребность или решают проблему, бизнесмен может найти цель и удовлетворение в своей работе.

Частный предприниматель

Принципы бизнеса самозанятого человека могут включать в себя автономию, гибкость и способность преследовать собственные увлечения. С точки зрения икигай, самозанятый человек может стремиться привести свою работу в соответствие со своими личными ценностями и интересами. Это может включать в себя открытие бизнеса, отражающего такие увлечения или поиск способа использовать свои навыки и таланты образом, оказывающим положительное влияние на мир.

Инвестор

С точки зрения инвестора, принципы бизнеса могут включать в себя управление рисками, диверсификацию и максимизацию прибыли. Однако с точки зрения икигай инвестор также может стремиться поддерживать компании, которые соответствуют его личным ценностям и убеждениям. Инвестируя в компании, которые приносят пользу миру, он может найти цель и удовлетворение в своих финансовых стремлениях.

Сотрудник

В прошлом традиционный подход к трудоустройству заключался в том, чтобы найти стабильную работу, предлагающую безопасность и долгосрочные выгоды. Однако в последнее время этот подход изменился, и теперь многие сотрудники ищут работу, которая обещает возможности для самореализации и роста.

Хорошим примером успеха в этом отношении является технический гигант Google, который неизменно занимает высокие места в списке лучших мест для работы благодаря своей политике и культуре, ориентированной на сотрудников. Google предлагает ряд преимуществ и привилегий, таких как бесплатное питание, фитнес-центр на территории и гибкий график работы, которые способствуют общему благополучию тех, кто трудится в офисе. Кроме того, Google известен своей инновационной и совместной рабочей средой, которая позволяет всей команде использовать свои навыки и сильные стороны в полной мере.

С другой стороны, примером неудачи в этом отношении является гигант розничной торговли Walmart, часто подвергающийся критике за низкую заработную плату, плохие условия труда и отсутствие возможностей для роста и продвижения. Многие сотрудники этой компании сообщают, что чувствуют себя переутомленными и недоплачиваемыми, что приводит к высокой текучести кадров и низкому моральному духу.

Бизнесмен

Для бизнесменов успех часто измеряется доходностью, ростом и долей рынка. Однако предприятия, которые отдают приоритет этим целям в ущерб другим ценностям, таким как этика и социальная ответственность, в конечном итоге могут потерпеть неудачу в долгосрочной перспективе.

Хорошим примером успеха в этом отношении является компания по производству верхней одежды Patagonia, которой удалось добиться как прибыльности, так и социальной ответственности. Patagonia твердо привержена защите окружающей среды и жертвует 1 % своих продаж на экологические цели. Кроме того, Patagonia имеет прозрачную и этичную цепочку поставок, которая помогает завоевать доверие и лояльность среди своих клиентов.

Примером неудачи можно назвать корпорацию Enron, которая когда-то была одной из крупнейших энергетических компаний в мире до своего краха в 2001 году. Enron использовала неэтичные и незаконные методы бухгалтерского учета, что в конечном итоге привело к банкротству и осуждению нескольких ее топ-менеджеров.

Частный предприниматель

Для самозанятых людей успех часто исходит из способности преследовать свои увлечения и создавать ценность для других. Однако финансовая нестабильность и эмоциональное выгорание являются серьезными опасностями, подстерегающими их в любой момент.

Примером успеха в этом отношении является J. K. Rowling, автор серии книг о Гарри Поттере. Сначала Роулинг столкнулась с отказом от нескольких издателей, прежде чем добилась успеха со своей первой книгой. С тех пор она стала одним из самых успешных и влиятельных писателей всех времен, вдохновив целое поколение читателей и режиссеров.

Примером неудачи является американская предпринимательница Элизабет Холмс, основательница медицинской компании Theranos. Холмс утверждала, что разработала революционную технологию анализа крови, которая позволяет выявить целый ряд заболеваний всего по одной капле крови. Однако позже выяснилось, что эти утверждения были ложными, и в конце концов компания обанкротилась.

Инвестор

Для инвесторов успех часто зависит от способности управлять рисками и максимизировать прибыль. Однако инвесторы также могут стремиться согласовать свои инвестиции со своими личными ценностями и убеждениями.

Хорошим примером успеха в этом отношении является шведский пенсионный фонд AP7, который отказался от ископаемого топлива и инвестировал в возобновляемые источники энергии. AP7 постоянно превосходит своих конкурентов с точки зрения возврата инвестиций, а также способствует развитию инновационных технологий.

Важным в этом контексте и основополагающим принципом в бизнесе является честность, поскольку она помогает построить доверительные и долгосрочные отношения с клиентами, поставщиками и другими заинтересованными сторонами. Однако честность в бизнесе имеет пределы, особенно когда речь идет о балансе принципа коммерческой тайны.

Принцип коммерческой тайны относится к идее того, что предприятия имеют право сохранять конфиденциальность определенной информации в целях защиты своей интеллектуальной собственности, коммерческой тайны и конкурентных преимуществ. Этот принцип особенно актуален в таких отраслях, как технология, фармацевтика и производство, где инновации и интеллектуальная собственность имеют решающее значение.

Хотя честность важна, предприятия также должны уравновешивать необходимость прозрачности и подотчетности с необходимостью защиты своих коммерческих интересов. Это может создать этические дилеммы и напряженность, особенно когда речь идет о таких вопросах, как конфиденциальность данных, безопасность продукции и управление цепочками поставок.

Например, компания может обнаружить потенциальный дефект продукта, который может нанести вред потребителям. Хотя у него есть этическое обязательство раскрывать эту информацию и предпринимать корректирующие действия, он также может не захотеть делать это из-за боязни нанести ущерб своей репутации или страха раскрыть свои коммерческие тайны конкурентам. В этом случае бизнес должен сбалансировать потребность в честности и прозрачности с необходимостью защиты своих коммерческих интересов.

Другой пример — использование соглашений о неразглашении (NDA[127]). В бизнесе NDA — это юридические соглашения, запрещающие раскрытие конфиденциальной информации, такой как коммерческая тайна или данные клиентов, третьим лицам. Хотя подобные документы являются обычной практикой во многих отраслях, их также можно использовать для сокрытия неэтичного или незаконного поведения, например, мошенничества или дискриминации. В таких случаях предприятия должны сбалансировать потребность в конфиденциальности с необходимостью честности и подотчетности.

Кроме того, на баланс между честностью и коммерческой тайной также могут влиять внешние факторы, такие как нормативные акты и общественное мнение. Например, в последние годы в технологической отрасли наблюдается растущий спрос на прозрачность и подотчетность, особенно в отношении конфиденциальности данных и использовании алгоритмов. Это привело к усилению контроля и регулирования, а также к общественному давлению на технологические компании, с целью заставить их быть более открытыми и честными по отношению к своей деятельности[128].

---

[127] *Non-Disclosure Agreement*. Базовое соглашение, которое охраняет коммерческую тайну. Существует разновидность NDA — NDCA — Non-Disclosure and Non-Circumvention Agreement — документ, который предотвращает обращение напрямую к рассматриваемому активу.

[128] Так, например, Илон Маск открыл патенты своей компании Тесла и предлагает всем воспользоваться защищенной

В заключение: хотя честность является важным принципом в бизнесе, она должна быть сбалансирована с принципом коммерческой тайны, чтобы защитить интеллектуальную собственность бизнеса, коммерческую тайну и конкурентное преимущество. Компании должны преодолевать этические дилеммы и противоречия, возникающие из-за периодически возникающего дисбаланса, а также учитывать внешние факторы, такие как правила и общественное мнение. В конечном счете поиск правильного соотношения между честностью и коммерческой тайной имеет решающее значение для построения доверия и долгосрочных отношений с заинтересованными сторонами, а также для и обеспечения устойчивости дел.

В целом принципы ведения бизнеса могут варьироваться в зависимости от точки зрения человека, при условии последовательного соблюдения принципа деловой этики и честности. В концепции икигай, люди всех ролей могут найти цель и смысл в своей работе, независимо от их положения или сферы деятельности. Главное связующее звено в этой ситуации — это честность с другими и с собой на всех этапах ведения бизнеса.

Посвятите отдельное время для обдумывания этих мыслей.

патентным законодательством информацией, если она будет использоваться для добросовестного использования технологии Тесла, помогая, таким образом, своим конкурентам в силу важности перехода на использование электрической энергии для передвижения.

Его собственные слова по этому поводу звучат так: «*Technology leadership is not defined by patents… but rather by the ability of a company to attract and motivate the world*»

Принципы
отношений с близкими

Понятие *хлеба стыда* происходит из каббалистической традиции и относится к энергетическому дисбалансу, которое проявляется на начальном этапе в виде смущения и дискомфорта, возникающему при получении чего-то, ради чего человек не работал и не зарабатывал. В контексте отношений с родственниками концепция хлеба стыда может направлять нас во взаимодействии с членами семьи, побуждая нас придерживаться принципов уважения, благодарности и взаимности. Невнимательность к этому важнейшему принципу неизбежно приведет вас сначала к презрению со стороны родственников, которые сначала милостиво будут позволять вам работать на них без какой-либо благодарности с их стороны, а затем ненавидеть[129] вас. Это звучит странно, однако это совершенно неизбежно и, на самом деле, не только совершенно обоснованно с их[130] стороны (*sic!*). Нет смысла говорить, что я лично пережил последствия хлеба стыда и даже не могу сказать, что выучил этот урок — только вскрыл текущий уровень[131] своего эго.

---

[129] Уточним: в каббалистической традиции ненависть — это желание чье-то физической смерти. Подчеркну, не обязательно планирование, а желание.

[130] Следуя той же каббалистической традиции, любые блага, которые вы предоставляете любым людям, включая родственников, без соразмерного, подчеркну, именно соразмерного вознаграждения, которое может достигаться одним или несколькими из трех нижеуказанных способов: 1. Искренней соответственной вашему поступку глубины благодарности; и/или 2. Встречной услуги; и/или 3. Встречных соразмерных материальных благ, приведет к предоставлению вами хлеба стыда и ненависти к вам. Причем, эта ненависть будет по отношению к вам абсолютно оправданной , поскольку вы лишили их возможности самих совершить необходимое преодоление..

[131] В каббалистической традиции наша работа над собой совершенно бесконечна — мы только срываем очередной покров

Вот несколько принципов, которые могут помочь в общении с родственниками в связи с концепцией хлеба стыда:

Уважение

Проявляйте уважение к своим родственникам, признавая их ценность и ценность как личности. Не принижайте и не унижайте их, даже в моменты разногласий или конфликтов. Это может звучать банально, но от вас потребуется вся ваша мудрость, чтобы день за днем проходить это испытание. Помните, что у каждого есть свои сильные и слабые стороны, и старайтесь ценить своих близких такими, какие они есть. От вас потребуется вся ваша сила поддержать их так, чтобы вы при этом не отняли у них желание быть подобными Творцу: не забывайте, что желание дать им все без их усилий может только означать игру вашего эго, направленную на разрушение вас и ваших близких[132].

Благодарность

Благодарите своих родственников за то, как они поддержали вас, будь то эмоционально, финансово или иным образом. Выражайте свою благодарность словами или жестами признательности и не принимайте их вклад как должное. Не забывайте, что контекст хлеба стыда также распространяется и на их

эго, для чего используется аналогия лепестков луковицы — за каждым новым слоем луковицы будет следующий слой. Уточним: мои медитации показывают мне, что впереди не меньше 200 миллиардов лет развития Вселенной с учетом того, что за почти 14 миллиардов лет мы прошли примерно 2% пути.

[132] Я не утверждаю, что мое прочтение каббалистических текстов правильное, но я считаю, что существует определенная внутренняя логика в выборе тех душ, которые соединяются на земле в семьи — уровень внутренней привязанности и безусловной любви, как мне кажется, свидетельствует о наличии принципиальных внутренних противоречий, которые такие души должны преодолеть на своем пути.

помощь вам, поэтому поспешите[133] проявить благодарность и вернуть услугу, оказанную вам.

Взаимность

Стремитесь отвечать взаимностью на доброту и щедрость ваших родственников, предлагая взамен собственную поддержку и помощь. Это может включать в себя помощь в выполнении задачи или проекта, выслушивание их, когда им нужно поговорить, или просто совместное времяпрепровождение.

Границы

Поддерживайте здоровые границы со своими родственниками, устанавливая четкие границы того, что вы делаете и чего не хотите делать или терпеть. Уважайте их границы, в свою очередь, и избегайте пересечения границ, которые могут вызвать дискомфорт или обиду.

Прощение

Практикуйте прощение со своими родственниками, отпустив прошлые обиды и сосредоточившись на настоящем и будущем. Это не означает игнорирование или попустительство вредоносному поведению, а скорее поиск способов двигаться вперед конструктивным и позитивным образом.

Следуя этим принципам, мы можем развивать отношения с нашими родственниками, основанные на взаимном уважении, благодарности и взаимности, а не на неудобном и чрезвычайно опасном именно на физическом уровне чувстве хлеба стыда.

**Я не прошу мне верить на слово —
проверьте мои слова
на своем собственном опыте.**

---

[133] Каббалистическая традиция говорит о трех месяцах, которые даются нам для того, чтобы избежать возникновения хлеба стыда при получении того или иного блага.

Глава XIV

Принципы отношений
с незнакомыми

> Принцип отношений с незнакомыми можно свести к двум основным категориям:

1.

Имея дело с незнакомыми людьми, которым вы не оказываете никакой помощи или не ведете с ними никаких дел, важно соблюдать определенные принципы для обеспечения собственной безопасности и благополучия. Вот несколько принципов, о которых следует помнить:

Уважайте границы

Важно уважать границы других людей, даже если вы их не знаете. Если кто-то не хочет взаимодействовать с вами или получать вашу помощь, уважайте его решение и не упорствуйте в этом. Каждый имеет право на неприкосновенность частной жизни и личное пространство. Задумайтесь над тем, что девиз американского Штата Техас — одного из самых сложных с точки зрения истории становления государственности в Соединенных Штатах и самого либерального в отношении владения оружием на его территории, это — «Дружба».

Будьте осторожны

При общении с незнакомцами важно соблюдать осторожность и защищать себя от потенциальных рисков. Не сообщайте личную информацию, такую как ваш адрес или номер телефона, и будьте осторожны с просьбами о деньгах или других услугах.

Доверяйте своим инстинктам: если что-то кажется вам неправильным, доверяйте своим инстинктам и прислушивайтесь к своей интуиции: вы пролили на себя воду при разговоре, у вас заболел живот, вас вдруг затошнило[134]? Отложите принятие решения,

---

[134] В теле человека есть так называемый «*блуждающий нерв*» (лат. *nervus vagus*). Он отвечает, в том числе, за парасимпатическую

примите меры к непосредственной безопасности. Если вы чувствуете себя некомфортно или небезопасно, можно уйти от ситуации или вежливо отказаться от предложения помощи.

Будьте вежливы

Даже если вы не можете предложить помощь или вести дела с кем-то, важно быть вежливым и уважительным. Относитесь к другим так, как вы хотели бы, чтобы относились к вам, и избегайте грубости или пренебрежительного отношения.

Будьте ясны и прямолинейны

Если кто-то настойчиво просит о помощи или бизнесе, важно быть ясным и прямым в своем общении. Вежливо, но твердо обозначьте свои границы и дайте им понять, что вы не можете им помочь.

> В целом, имея дело с незнакомыми людьми, которым вы не оказываете никакой помощи и не ведете с ними никаких дел, важно уделять первоочередное внимание собственной безопасности и благополучию, а также относиться к другим с уважением и добротой. Именно в таком порядке.

БЕЗОПАСНОСТЬ МУЖЧИН

Давайте, однако, разберем что значит проявлять разумную осторожность для взрослого мужчины:

Есть несколько принципов безопасного поведения, которым может следовать взрослый мужчина, чтобы обезопасить себя, своих близких и свое имущество. Эти принципы включают в себя:

иннервацию мышц лёгких, пищевода, кишечника и т. п. Другими словами, ваш мозг может предупредить вас об опасности коликами в желудке или сбившимся дыханием или, даже, случайно разлитым вами чаем.

Осведомленность

Первый принцип безопасного поведения — всегда быть в курсе того, что вас окружает. Это означает быть бдительным и внимательным к любым потенциальным угрозам, таким как подозрительные люди или действия в вашем районе.

Готовность

Важно быть готовым к любым потенциальным угрозам, имея план действий в чрезвычайных ситуациях. Это может включать обеспечение в вашем доме специальной безопасной комнаты или убежища, о правилах использования которой должны знать ваши близкие, а не только вы сами, наличие плана общения с вашей семьей или соседями, а также наличие аварийного набора с основными предметами первой необходимости, такими как еда, вода, средства первой помощи, средства резервной связи.

Самооборона

Изучение методов самообороны, таких как боевые искусства, или ношение средств самообороны, таких как разрешенное оружие, может помочь защитить себя и своих близких в случае нападения. Многие предметы вполне могут быть использованы как оружие в случае необходимости. Связка ключей, крепко скрученная в руке, может помочь сделать удар жестким, а передавив спичечный коробок посередине и зажав получившиеся острые края в кулаке между пальцами вы нанесете жесткий удар в горло, живот, глаз, пах, который будет сопровождаться серьезным болевым шоком. При нападении нескольких противников, ищите лидера, которого совершенно безжалостно атакуйте первым. Будьте готовы получить повреждения или ранения при нападении — это вам поможет справиться с первым шоком.

Оценка риска

Важно оценивать уровень риска в различных ситуациях и принимать соответствующие меры предосторожности. Например, если вы едете в незнакомую местность, изучите уровень преступности и примите дополнительные меры предосторожности, чтобы защитить себя. Помните, что в незнакомых местах разумно оставлять о себе как можно меньше информации. Не забывайте задергивать шторы в мотелях и т. п.

Избегание

Избегание опасных ситуаций или людей может быть эффективным способом оставаться в безопасности. Это может означать избегать определенных мест в ночное время, держаться подальше от подозрительных лиц или избегать рискованного поведения, такого как чрезмерное употребление алкоголя или наркотиков в публичных местах.

Общение

Открытое и четкое общение с членами семьи или соседями может помочь предотвратить опасные ситуации. Убедитесь, что все знают план действий в чрезвычайных ситуациях и знают, как связаться друг с другом в случае чрезвычайной ситуации. Запоминайте телефоны близких наизусть, не доверяйте все контактам в телефоне.

Технологии

Технологии также могут быть полезны для обеспечения безопасности. Например, установка системы безопасности в вашем доме, использование GPS-трекера на вашем телефоне или использование приложения для личной безопасности могут быть полезными инструментами для защиты себя и своих близких.

Следуя этим принципам безопасного поведения, взрослый мужчина может предпринимать активные действия для защиты себя, своих близких и своего имущества. Важно помнить, что безопасность — это непрерывный процесс, требующий постоянной бдительности и внимания, чтобы вы были готовы к любым потенциальным угрозам.

БЕЗОПАСНОСТЬ ЖЕНЩИН

Есть несколько принципов безопасного поведения, которым взрослая женщина может следовать, чтобы защитить себя, своих детей и свое имущество. Эти принципы включают в себя:

Осведомленность

Первый принцип безопасного поведения — всегда быть в курсе того, что вас окружает. Это означает быть бдительным и внимательным к любым потенциальным угрозам, таким как подозрительные люди или действия в вашем районе.

Готовность

Важно быть готовым к любым потенциальным угрозам, имея план действий в чрезвычайных ситуациях. Это может включать наличие в вашем доме специальной безопасной комнаты или убежища, наличие плана общения с вашей семьей или соседями, а также наличие аварийного набора с основными предметами первой необходимости, такими как еда, вода и средства первой помощи.

Самооборона

Изучение методов самообороны, таких как боевые искусства, или ношение средств самообороны, таких как перцовый баллончик или электрошокер, может помочь защитить себя и своих близких в случае нападения. Не забывайте, что идеальное развитие событий при нападении — если вы сумеете убежать от нападающих.

Оценка риска

Важно оценивать уровень риска в различных ситуациях и принимать соответствующие меры предосторожности. Например, если вы едете в незнакомую местность, изучите уровень преступности и примите дополнительные меры предосторожности, чтобы защитить себя и своих детей.

Избегание

Избегание опасных ситуаций или людей может быть эффективным способом оставаться в безопасности. Это может означать избегать определенных мест в ночное время, держаться подальше от подозрительных лиц или избегать рискованного поведения, такого как чрезмерное употребление алкоголя или наркотиков. Остерегайтесь оставлять еду или напитки без присмотра в барах и вечерних заведениях. Контролируйте внимание к себе и держите дистанцию. Ничего нет страшного, если вы ошибетесь в намерениях незнакомых людей и проявите чрезмерную осторожность.

Общение

Открытое и четкое общение с членами семьи или соседями может помочь предотвратить опасные ситуации. Убедитесь, что все знают план действий в чрезвычайных ситуациях и знают, как связаться друг с другом в случае чрезвычайной ситуации.

Технологии

Технологии также могут быть полезны для обеспечения безопасности. Например, установка системы безопасности в вашем доме, использование GPS-трекера на вашем телефоне или использование приложения для личной безопасности могут быть полезными инструментами для защиты себя и своих близких.

Доверяйте своей интуиции

Женщины часто имеют сильную интуицию или внутреннее чутье в отношении опасных ситуаций. Важно доверять этим чувствам и действовать в соответствии с ними, а также принимать меры для защиты себя и своих детей.

> Следуя этим принципам безопасного поведения, взрослая женщина может предпринимать активные действия для защиты себя, своих детей и своего имущества. Важно помнить, что безопасность — это непрерывный процесс, требующий постоянной бдительности и внимания, чтобы вы были готовы к любым потенциальным угрозам.

БЕЗОПАСНОСТЬ ДЕТЕЙ

Обучение детей безопасному поведению является важной частью воспитания. Это помогает им развивать необходимые жизненные навыки и готовит их к различным ситуациям, с которыми они могут столкнуться, когда вырастут. Вот некоторые принципы безопасного поведения, которым родители могут научить своих детей:

Опасность незнакомца

Расскажите детям о потенциальной опасности общения с незнакомцами или принятия от них подарков. Объясните им, что они никогда не должны идти с незнакомцем или садиться в машину с кем-то, кого они не знают.

Личные границы

Научите детей уважать свои личные границы и отказываться от нежелательного физического контакта.

Объясните, что они имеют право отказаться от объятий, поцелуев или других форм физического контакта, которые вызывают у них дискомфорт.

Безопасность дорожного движения

Расскажите детям о важности безопасности дорожного движения, в том числе о том, как безопасно переходить улицу, как пользоваться пешеходным переходом, а также о важности ношения светоотражающей одежды или аксессуаров при ходьбе или езде на велосипеде в ночное время.

Безопасность на воде

Расскажите детям об опасностях воды, включая бассейны, озера и океаны. Объясните, как важно всегда находиться под присмотром взрослых во время плавания и носить спасательный жилет во время катания на лодке.

Кибербезопасность

Расскажите детям о потенциальных опасностях Интернета и социальных сетей, включая онлайн-хищников, киберзапугивание и кражу личных данных. Объясните, как важно сохранять конфиденциальность личной информации и сообщать о любых подозрительных действиях взрослому.

Готовность к чрезвычайным ситуациям

Расскажите детям о важности готовности к чрезвычайным ситуациям, в том числе о том, что делать в случае пожара, землетрясения или другой чрезвычайной ситуации. Убедитесь, что они знают, как звонить в службу спасения, и у них есть специально отведенное место для встречи на случай чрезвычайной ситуации.

Первая помощь

Научите детей основным навыкам оказания первой помощи, в том числе тому, как лечить легкие травмы, такие как порезы, синяки и ожоги. Убедитесь, что они знают, как позвать на помощь в случае более серьезной травмы или чрезвычайной ситуации.

Личная ответственность

Научите детей тому, как важно брать на себя ответственность за собственную безопасность, в том числе избегать рискованного поведения, использовать защитное оборудование (например, велосипедные шлемы) и говорить, если они чувствуют себя небезопасными или неудобными.

> Обучая детей этим принципам безопасного поведения, родители могут помочь им подготовиться к широкому кругу ситуаций и дать им возможность делать разумный и безопасный выбор на протяжении всей жизни.

Спросите у людей, которые испытали насилие, могли бы принципы, описанные выше, помочь им, если бы они знали их заранее.

2. Имея дело с незнакомыми людьми, которым вы оказываете помощь или в связи с текущей ситуацией ведете с ними дела в первый раз, важно соблюдать определенные принципы для обеспечения собственной безопасности и благополучия. Вот несколько принципов, о которых следует помнить:

Взаимодействуя с незнакомыми людьми, которым нужна помощь, важно осознавать, что вы не сможете помочь другим, если сами не в хорошем состоянии. Этот принцип основан на идее о том, что вам нужно позаботиться о собственном благополучии, прежде чем вы сможете эффективно помогать другим.

Вот несколько примеров, иллюстрирующих этот принцип.

Пример 1: *Социальный работник, пренебрегающий своим психическим здоровьем.*

Социальный работник, работающий с уязвимыми группами населения, может пренебрегать своим психическим здоровьем из-за эмоциональной нагрузки на работе. Он может считать, что помогать другим важнее, чем заботиться о себе. Однако со временем это может привести к выгоранию и эмоциональному истощению, что затрудняет оказание эффективной помощи своим клиентам.

Пример 2: *Терапевт, который берет слишком много клиентов.*

Терапевт может чувствовать себя обязанным брать слишком много клиентов, чтобы помочь как можно большему количеству людей. Однако, если они не уделяют первостепенное внимание собственному благополучию и не делают перерывов, когда это необходимо, он может быть перегружен и не будет в состоянии оказывать качественную помощь своим клиентам.

Пример 3: *Доброволец, который игнорирует свои физические потребности.*

Волонтер, который увлечен делом, может игнорировать свои физические потребности, такие как питье или перерывы, чтобы помочь как можно больше. Однако, если они обезвожены или истощены, они не смогут продолжать помогать и могут даже сами потребовать медицинской помощи.

В каждом из этих примеров в первую очередь применяется принцип заботы о себе. Если вы пренебрегаете собственным благополучием, возможно, вы не сможете эффективно помогать другим.

Важно осознавать свои собственные ограничения и заботиться о себе, чтобы продолжать помогать другим в долгосрочной перспективе.

Есть, однако, удивительное и божественное исключение из этого правила: оказание помощи в ситуации крайней и острой потребности в помощи.

Хотя, как правило, важно уделять первостепенное внимание собственному благополучию, чтобы эффективно помогать другим, могут быть исключения, когда вы испытываете глубокое и искреннее чувство милосердия к кому-то, кто остро в этом нуждается. В таких случаях вы можете игнорировать свои собственные интересы, чтобы оказать немедленную помощь и поддержку нуждающемуся человеку. Это можно рассматривать как форму бескорыстной любви или самопожертвования.

Некоторые признаки, указывающие на крайнюю и острую потребность в помощи, включают:

Ситуации, угрожающие жизни

Если чья-то жизнь находится в опасности, для ее спасения необходимы немедленные действия.

Тяжелые физические или психические расстройства

Если кто-то испытывает серьезные физические или психические расстройства, ему может потребоваться немедленная медицинская помощь или психологическая поддержка.

Полная беспомощность

Если кто-то не может помочь себе из-за физических или умственных ограничений, ему может потребоваться помощь для выполнения основных задач, таких как прием пищи, одевание или купание.

Крайняя бедность или бездомность

Если кто-то живет в условиях крайней нищеты или бездомности, ему может потребоваться немедленная поддержка для удовлетворения его основных потребностей, таких как еда, кров и одежда.

В таких экстремальных ситуациях может возникнуть необходимость отложить в сторону собственные интересы и помочь нуждающемуся человеку, насколько это возможно. Однако важно понимать, что жертвование собственным благополучием не должно быть долгосрочным решением и может привести к выгоранию и истощению.

Я хотел бы рассказать о случаях, один из которых всегда есть в биографии богатых людей: один из из самых богатых людей планеты, знакомый мне лично, родом из небольшого города, расположенного очень далеко от всех центров цивилизации. Когда этот человек ехал на очень важный вступительный экзамен в университет, куда он надеялся быть принятым, однако, оценивал свои шансы не слишком высоко, он увидел что молодая женщина с ребенком оказалась в крайне опасной и затруднительной ситуации. Чтобы вызволить её из беды, он бездумно потратил все свои скудные средства, отложенные на дорогу. Для того, чтобы потом быть в состоянии купить дорогой билет к месту экзамена, он был вынужден сутки разгружать железнодорожные вагоны и заработанных денег хватило только на самый дешевый билет и, падая от усталости, он проспал всю дорогу до университета, вместо того, чтобы повторять материал к экзамену. Однако, на экзамене все для него сложилось в логичную и понятную картину, он сумел решить очень сложную задачу оригинальным способом и был принят.

Тем не менее, важно проявлять осторожность и тщательно оценивать ситуацию, прежде чем предлагать помощь. Важно убедиться, что вы не подвергаете себя опасности и не причиняете вред себе или другим, предлагая помощь. Обращение за советом и руководством к обученным специалистам или властям может помочь принять наилучшие меры, чтобы помочь нуждающемуся человеку, а также обеспечить вашу собственную безопасность и благополучие. Существуют и другие принципы оказания помощи, о которых надо помнить, но об этом далее в этой книге.

При первом взаимодействии с кем-то в ситуации в ситуации когда вам нужно контактировать с человеком в силу обстоятельств, например, при совершении покупки или продажи, в ресторане, при заказе еды и т. п, есть несколько принципов, которым вы можете следовать, чтобы взаимодействие прошло гладко:

Будьте вежливы и уважительны

Независимо от того, что вы — клиент, важно подходить к взаимодействию с вежливым и уважительным отношением. Это может помочь установить доверие и построить позитивные отношения с другим человеком.

Будьте ясны и кратки

При общении с другим человеком будьте ясны и кратки в своем языке. Избегайте использования жаргона или технических терминов, с которыми другой человек может быть не знаком.

Слушайте активно

Внимательно слушайте, что говорит другой человек, и при необходимости задавайте уточняющие вопросы. Это может помочь гарантировать, что обе стороны имеют четкое представление о том, что покупается или продается.

Ведите переговоры честно

При обсуждении цен или условий будьте справедливы и разумны в своих предложениях. Учитывайте потребности и интересы другого человека так же, как и свои собственные.

Помните о культурных различиях

Если вы общаетесь с кем-то из другой культуры, помните о культурных различиях и соответствующим образом корректируйте свой стиль общения.

Выполняйте обязательства

Если вы берете на себя обязательство или соглашение с другим человеком, обязательно выполняйте его. Это может помочь установить доверие и построить позитивные отношения для будущих взаимодействий.

В целом, ключ к взаимодействию с кем-то в первый раз в ситуации покупки или продажи заключается в том, чтобы подходить к взаимодействию с позитивным настроем, четким общением и готовностью вести честные переговоры. Следуя этим принципам, вы сможете установить позитивные отношения с другим человеком и обеспечить успешное взаимодействие.

Вспомните случаи в своей жизни, когда вы не соблюдали такие принципы. Сейчас, по прошествии времени, вы бы поступили бы так же?

Глава XV

Принципы отношений
с деловыми партнерами

П ринципы взаимоотношений с деловыми партнерами могут иметь решающее значение для
успеха любой компании. Построение и поддержание позитивных отношений с партнерами может привести к повышению доверия, улучшению
коммуникации и совместному подходу к решению
проблем. С другой стороны, негативные отношения
могут привести к конфликтам, упущенным возможностям и нанести ущерб репутации компании. Вот
некоторые принципы взаимоотношений с деловыми
партнерами, а также примеры положительных и отрицательных практик.

ПРИНЦИП №1:
КОММУНИКАЦИЯ И ПРОЗРАЧНОСТЬ.

Эффективная коммуникация и прозрачность
имеют решающее значение для построения прочных
отношений с деловыми партнерами. Четкая и своевременная коммуникация может помочь избежать
недоразумений, выявить проблемы на раннем этапе
и обеспечить, чтобы обе стороны работали над достижением одних и тех же целей.

Положительный пример

Компания регулярно информирует своих инвесторов о статусе текущих проектов и делится со-
ответствующей информацией о своих финансовых
результатах. Компания также призывает своих парт-
неров-инвесторов делиться отзывами и идеями, которые воспринимаются серьезно и включаются в планы на будущее.

Отрицательный пример

Компания медленно отвечает на запросы своих деловых партнеров и инвесторов, что приводит
к разочарованию и замешательству. Компания также скрывает информацию, которая может повлиять

на деятельность партнеров, например, изменения в продуктовых линейках или стратегиях ценообразования.

ПРИНЦИП № 2:
УВАЖЕНИЕ И ДОВЕРИЕ

Уважение и доверие являются важными компонентами любых успешных отношений, в том числе между деловыми партнерами. Уважение мнений, опыта и вклада друг друга может помочь укрепить доверие и способствовать сотрудничеству. Как и всякий нелинейный процесс, над уровнем доверия и уважения нужно работать на регулярной основе, решительно отказываясь от манипуляций даже в мелочах.

Так, например, я был нанят реструктурировать девелоперский бизнес в Нью-Йорке по строительству современного доступного жилья, который до этого рассыпался в прах именно из-за боязни прежних владельцев информировать инвесторов о реальном развитии событий и, когда бизнес столкнулся с трудностями, непростыми, но непреодолимыми, менеджмент дотянул до тех пор, пока ситуация стала критической и неисправимой на прежних договоренностях. К этому моменту доверие было утрачено и бизнес пошел ко дну. Для такого поведения менеджмента были некоторые основания, разумеется: по всей видимости, инвесторы вели себя неразумно хотя бы частично, но в силах компании было прекратить токсичные отношения в пользу кредиторов компании и других инвесторов. Компания предпочла затянуть этот процесс и погибла.

Положительный пример

Компания ценит вклад своих деловых партнеров и интересуется их мнением по ключевым решениям. Компания также соблюдает взятые на себя обязательства, такие как соблюдение сроков и своевременное выполнение заказов.

Отрицательный пример

Компания часто отвергает предложения своих деловых партнеров или присваивает себе их идеи. Компания также не выполняет обещаний, таких как предоставление адекватной поддержки или своевременная оплата счетов.

ПРИНЦИП № 3: СПРАВЕДЛИВОСТЬ И РАВЕНСТВО

Деловые отношения должны основываться на справедливости и равенстве. Обе стороны должны чувствовать, что они получают пользу от партнерства и что выгоды распределяются справедливо.

Положительный пример

Компания предлагает своим деловым партнерам справедливые цены и условия для своих продуктов или услуг. Компания также предоставляет ресурсы и поддержку, чтобы помочь своим партнерам добиться успеха.

Отрицательный пример

Компания использует своих деловых партнеров, навязывая несправедливые условия, такие как односторонние контракты или высокие сборы. Компания также ставит собственные интересы выше интересов своих партнеров, что приводит к ощущению неравенства.

ПРИНЦИП № 4: ГИБКОСТЬ И ПРИСПОСОБЛЯЕМОСТЬ

Деловые отношения могут развиваться со временем, и обе стороны должны быть гибкими и приспосабливаться к изменениям на рынке или в отрасли.

Положительный пример

Компания тесно сотрудничает со своими деловыми партнерами, чтобы выявить новые возможности и соответствующим образом скорректировать свои стратегии. Компания также готова вносить изменения в свои процессы или продукты на основе отзывов своих партнеров.

Отрицательный пример

Компания сопротивляется изменениям и не желает рассматривать новые идеи или подходы. Компания также игнорирует отзывы своих партнеров, что приводит к упущенным возможностям и потере доходов.

Таким образом, построение позитивных отношений с деловыми партнерами требует эффективного общения, уважения, справедливости, гибкости и приспособляемости. Пренебрежение этими принципами может привести к негативным последствиям и нанести ущерб репутации компании. Уделяя приоритетное внимание этим принципам, компании могут развивать прочные партнерские отношения, которые приносят пользу обеим сторонам и способствуют долгосрочному успеху.

На более укрупненном уровне, многие корпорации ставят прибыль выше общественных интересов, что может привести к различным негативным последствиям для общества. Некоторые из проблем, связанных с этой концепцией спекуляции, включают:

Ухудшение состояния окружающей среды

Корпорации, которые ставят прибыль выше окружающей среды, часто прибегают к действиям, наносящим ущерб окружающей среде. Это может привести к ряду негативных последствий, включая загрязнение воздуха и воды, вырубку лесов и изменение климата.

Эксплуатация работников

Корпорации, которые ставят прибыль выше интересов работников, могут использовать трудовые методы, эксплуатирующие рабочих, такие как низкая заработная плата, плохие условия труда и неадекватные льготы.

Эксплуатация потребителей

Корпорации, которые ставят прибыль выше интересов потребителей, могут прибегать к действиям, наносящим вред потребителям, например, продавать вредные или вызывающие привыкание продукты.

Монополизация рынка

Корпорации, для которых прибыль важнее честной конкуренции, могут применять методы, ведущие к монополизации рынка, что может нанести ущерб потребителям и малому бизнесу.

Политическое влияние

Корпорации, которые отдают предпочтение прибыли, могут использовать свою экономическую мощь, чтобы влиять на политические решения в свою пользу, часто в ущерб общественным интересам.

Эти проблемы иллюстрируют негативные последствия того, что корпорации ставят прибыль выше общественных интересов. Важно отметить, что не все корпорации применяют эту практику, и есть много примеров компаний, которые отдают приоритет социальной и экологической ответственности наряду с прибылью. Однако крайне важно привлекать корпорации к ответственности за свои действия и поощрять ответственные и этичные методы ведения бизнеса.

Мой собственный опыт показывает, что проблема несправедливой эксплуатации рынков и природных ресурсов пустила глубокие корни в обществе. Так, ведущие университеты аккуратно и проявляя только тот уровень осторожности, который им требуется, чтобы избежать непосредственного судебного преследования, обучают своих выпускников манипуляции рынками. Например, в крупнейших университетах распространена учебная игра «в бензоколонку», которая, при том, что она полезна на разных уровнях когнитивного восприятия, тем не менее, несет основной посыл манипуляции ценами на рынке без прямой коммуникации с участниками рынка, что не позволяет регулятору доказать сговор корпораций с целью манипуляции рынком, однако, разумеется, с этической точки зрения, эти принципы абсолютно разрушительны для будущего мира[135].

Нам всем будет важно это осознать в полной мере.

---

[135] Это великолепно видно по ценам на услуги сотовой связи в США, где университеты обучают манипуляциям своих студентов и Германии, где это менее распространено: цены на одну и ту же услугу отличаются в 5 раз, при том, что качество связи в США многократно хуже, чем в Центральной Европе.

Глава XVI

Принципы действий в конфликте

Столкнувшись с конфликтом, важно защищать принципы справедливости и своих моральных ценностей, а также признавать важность установления здоровых границ во взаимодействии с участниками конфликта. В некоторых случаях может существовать «красная черта», за которой компромисс уже невозможен или нецелесообразен. В таких ситуациях лучшим способом действий может быть уход от токсичного человека, отношений или взаимодействия.

Есть несколько действий, которые можно предпринять, чтобы защитить себя и сохранить свои ценности в такой ситуации. К ним могут относиться:

Установление границ

Установление четких границ необходимо в любых отношениях, в том числе и с токсичными людьми. Это может включать в себя сообщение о своих потребностях и ожиданиях, выявление неприемлемого поведения и установление последствий пересечения этих границ. Как учил меня мой отец, с близкими людьми имеет смысл дать возможность человеку трижды повести себя неправильно, всякий раз все более подробно объясняя ваши альтернативы и его последствия, для других людей не имеет смысла несколько раз терпеть несправедливое отношение, однако, во всех случаях правила диктуются потенциальной опасностью поведения. Например, потенциально опасное для жизни и здоровья поведение имеет смысл пресечь вне всяких правил.

Забота о себе

Важно уделять первостепенное внимание заботе о себе, когда имеешь дело с токсичными людьми. Это может включать в себя поиск поддержки у друзей или профессионалов, участие в деятельности, которая приносит радость или расслабление, и практику сострадания к себе.

Обращение за посредничеством или консультацией

Если конфликт затрагивает отношения с близкими, обращение за посредничеством или консультацией может помочь найти решение, приемлемое для обеих сторон. Нейтральная третья сторона может обеспечить безопасное пространство для общения и может помочь обеим сторонам определить свои потребности и найти точки соприкосновения.

Разрыв связей

В некоторых случаях может быть необходимо разорвать отношения с токсичным человеком или даже группой людей. Это может быть трудным решением, но оно может быть необходимо для собственного благополучия и психического здоровья. Решение об этом по моему опыту наиболее легко принимается через внутренне уважение к божественной цели своего нахождения в этом мире.

В конечном счете наиболее разумные действия будут зависеть от конкретных обстоятельств конфликта. Важно уделять первоочередное внимание собственному благополучию и ценностям, а также признавать потребности и точки зрения другого вовлеченного человека.

Саморазрушительные примеры неспособности вести переговоры, возбуждать судебный иск, искать защиту через активистов, которые разделяют ваши принципы, вообще искать внешней поддержки и, таким образом, отстаивать свои интересы могут иметь серьезные последствия для отдельных лиц и сообществ.

Некоторые из наиболее распространенных примеров саморазрушающего поведения в этих областях включают:

Неспособность вести переговоры

Когда отдельные лица или группы не могут договориться, это может привести к давним конфликтам, которые бывает трудно разрешить. Это может привести к дальнейшей поляризации и разрыву отношений, что затруднит нахождение точек соприкосновения в будущем.

Отказ от судебной защиты

В некоторых случаях судебный иск может быть необходим для защиты чьих-либо прав и интересов. Неспособность возбудить судебный иск может привести к постоянным нарушениям этих прав или интересов и может привести к ощущению беспомощности и разочарования. Я видел много примеров, когда права людей систематически нарушались, несмотря на их право защитить такие интересы в судах. Иногда это было следствием общей инертности человека, основанной на плохом опыте общения с властями (и поэтому требуется проявлять хирургически холодную жестокость к преступникам, обладающим властными полномочиями), запугивании жертвы преступником, что, в итоге, тоже говорит о недостатках правоохранительной системы, коррупции и т. п.

Неспособность добиваться посредничества и вмешательства активистов, которые разделяют ваши взгляды

Посредничество и вмешательство активистов могут быть мощными инструментами в продвижении изменений и защите прав. Неспособность найти эти ресурсы может привести к отсутствию осведомленности и поддержки по важным вопросам и может увековечить вредные системы и практики.

Неспособность обратиться за внешней поддержкой

Обращение за внешней поддержкой, такой как консультирование или терапия, может быть важным способом справиться со стрессом, травмой и другими проблемами. Неспособность обратиться за поддержкой может привести к чувству изоляции и безнадежности, а также усугубить проблемы с психическим здоровьем.

Неспособность занять позицию

Когда отдельные лица или группы не могут занять позицию для защиты своих интересов, это может привести к дальнейшей маргинализации и лишению прав. Это может привести к потере уверенности, чувства собственного достоинства и чувства цели.

Эти примеры саморазрушительного поведения могут иметь серьезные последствия для отдельных лиц и сообществ. Важно признать ценность переговоров, судебных исков, защиты интересов и активности, внешней поддержки и отстаивания своих интересов и содействия позитивным изменениям. Предпринимая эти шаги, люди могут способствовать личному и коллективному росту и благополучию, а также работать над созданием более справедливого и равноправного общества.

Вспомните, были ли в вашей жизни токсичные взаимоотношения на разных уровнях и, отвлекаясь от причин их возникновения, вспомните как они развивались и какие результаты своих действий или бездействия вы бы для себя выделили как наиболее существенные для вашего благополучия?

Принципы отношений
с врагами

Отношения с врагами часто характеризуются негативными эмоциями, такими как гнев, страх, недоверие. Эти эмоции могут быть вызваны предполагаемой угрозой, реальной или воображаемой, и могут сделать людей замкнутыми и иррациональными.

Когда мы находимся в состоянии негативных эмоций, наш мозг отдает приоритет реакции «бей или беги», а не рассуждениям и логическому мышлению. Кровь отступает от мыслящей части мозга, коры больших полушарий, и приливает к самой древней и примитивной части мозга, к «рептильному» стволу[136]. Это

---

[136] Мы уже затрагивали это раньше, но не лишним будет слегка развить эту тему. *Триединый мозг* (англ. *Triune brain*) — отвергнутая наукой эволюционная теория развития мозга человека и млекопитающих вообще, в которой выделяются три функционирующие относительно независимо друг от друга ключевые составляющие части мозга: мозговой ствол, лимбическая система и неокортекс, — с чем и связано название теории. Теория предлагала подход к пониманию того, как эволюционировал мозг в совокупности с его реакциями под эволюционным давлением и предполагала раздельную эволюцию частей мозга, при которой новые части наслаивались на старые в ходе эволюции, а также в некоторой степени их независимое друг от друга функционирование. С этой позиции вначале шла эволюция поведенческих реакций, затем к ним добавились эмоциональные, потом эмоциональные реакции дополнились когнитивными, включающими в себя мышление, логику и планирование. Надо отметить, что автор концепции ошибочно предполагал, что новые участки мозга в ходе эволюции позвоночных добавлялись поверх существующих, старых участков, расширяя функционал мозга. Фактически же у всех позвоночных мозг можно разделить на различающиеся по форме передний, средний и задний мозг, что прослеживает эволюцию от общего предка, то есть основные эволюционные изменения касались изменения существующих частей мозга, а не добавления новых. Концепция триединого мозга является одной из двух основных эволюционных теорий развития мозга наряду с топологической филогенетикой (теория парцелляции), согласно которой новые мозговые структуры не наслаивались на старые, а ответвлялись от

может затруднить получение новой информации и ее рациональную обработку.

В отношениях с врагом это может вылиться в игнорирование веских аргументов и нацеленность на победу любой ценой. Даже если представлены хорошие идеи или аргументы, они могут быть отвергнуты из-за отрицательной эмоциональной установки на другого человека.

Однако можно изменить динамику отношений, направив агрессию в конструктивное русло. Это может включать поиск точек соприкосновения и совместную работу для достижения общей цели, выгодной для обеих сторон. Добавив к уравнению рациональность и взаимность, действуя прагматично, но холодно, можно укрепить доверие и создать более продуктивные отношения, даже если лежащие в основе негативные эмоции все еще существуют.

В целом, ключ к управлению отношениями с врагом заключается в том, чтобы распознать влияние негативных эмоций и работать над тем, чтобы направить их в конструктивное русло. Сосредоточив внимание на общих целях и найдя способы укрепить доверие, можно преодолеть барьеры, созданные негативными эмоциями, и создать более позитивные отношения.

Есть несколько примеров того, как враги преодолели свои негативные эмоции и работали вместе для достижения общей цели, что привело к положительным результатам.

Одним из примеров является историческая встреча Махатмы Ганди и лорда Ирвина, вице-короля

существующих, не нарушая существующей топологии. Однако, вне зависимости от деталей эволюционного развития, общая оценка ситуации мне, хотя и не специалисту, однако встречавшемуся с практическими последствиями победы мозга рептилии над разумом в конкретных обстоятельствах, кажется абсолютно точной.

Индии, в 1931 году. Ганди был лидером движения за независимость Индии, а лорд Ирвин был представителем Британской империи. Они встретились, чтобы обсудить независимость Индии, смогли найти точки соприкосновения и работать над мирным урегулированием. Они согласились на компромисс, известный как пакт Ганди – Ирвина, который привел к освобождению политических заключенных и проложил путь к дальнейшим переговорам о независимости.

Другой пример — сотрудничество между Apple и Microsoft в конце 1990-х годов. В то время эти две компании были жестокими конкурентами в компьютерной индустрии. Однако они признали, что могли бы извлечь выгоду из совместной работы над определенными проектами. В 1997 году Microsoft инвестировала в Apple 150 миллионов долларов и взяла на себя обязательство продолжать разработку программного обеспечения Office для платформы Mac. Это неожиданное сотрудничество конкурентов помогло стабилизировать финансовое положение Apple и позволило Microsoft расширить свою долю рынка.

В деловом мире есть много примеров, когда бывшие соперники объединяли усилия для создания успешных партнерских отношений. Например, в 2014 году компания Lyft объявила о партнерстве с китайским гигантом Didi Chuxing. В то время Didi Chuxing конкурировала с Uber на китайском рынке, а Lyft была меньшим игроком на рынке США. Однако, работая вместе, они смогли создать сеть райдшеринговых сервисов, охватывающую несколько континентов.

Во всех этих примерах вовлеченные стороны смогли преодолеть свои негативные эмоции по отношению друг к другу и найти точки соприкосновения. Таким образом, они смогли создать партнерские отношения и соглашения, которые привели к положительным результатам для всех участников. Эти примеры демонстрируют силу сотрудничества и потенциальные преимущества отказа от враждебности и работы над достижением общих целей.

В истории и бизнесе также есть много примеров, когда негативные эмоции и отсутствие сотрудничества между врагами приводили к негативным результатам.

Одним из исторических примеров является холодная война между Соединенными Штатами и Советским Союзом. Во время холодной войны обе страны находились в состоянии острой враждебности и соперничества, вызванных идеологическими разногласиями и геополитическими проблемами. Эта враждебность привела к гонке ядерных вооружений и многочисленным опосредованным войнам, включая войну во Вьетнаме и войну в Корее. Холодная война закончилась с распадом Советского Союза, но напряженность и недоверие между двумя странами оказали длительное влияние на глобальную политику, которое снова вылилось в открытое противостояние через враждебное нападение Российской Федерации на Украину в 2014 годах как предтечу глобальной или мировой войны[137].

В деловом мире есть много примеров компаний, которые не смогли преодолеть враждебность друг к другу, что привело к негативным результатам. Одним из примеров является соперничество между

---

[137] Уточним: которую в 2014 году затеял и в 2022 году активно продолжил малограмотный лунатик с колоссально низким интеллектом, отставной майор, уволенный за профнепригодность с должности заведующего клуба, где он следил за проявлением инакомыслия, человек с чудовищными травмами в детстве, которые проходили прямо через несколько поколений его семьи, по причуде состоятельного олигарха был приведен к власти в ядерной державе, что представляет собой пример явно недальновидного поведения основного противника Советского Союза в Холодной Войне.

Blockbuster и Netflix. В начале 2000-х Blockbuster был доминирующим игроком на рынке видеопроката, но Netflix набирала силу благодаря подписке на DVD по почте. Blockbuster отказался от партнерства с Netflix и вместо этого попытался создать собственную службу онлайн-проката видео. Однако усилия компании не увенчались успехом, и в конце концов в 2010 году она объявила о банкротстве.

Еще один негативный пример — соперничество между Uber и Lyft. Обе компании появились в начале 2010-х годов и жестко конкурировали за долю рынка в индустрии такси. Соперничество между двумя компаниями привело к агрессивной тактике, включая ценовые войны и переманивание водителей. Эта конкуренция в итоге нанесла ущерб обеим компаниям, поскольку привела к увеличению затрат и снижению прибыльности как для Uber, так и для Lyft.

Во всех этих негативных примерах вовлеченные стороны не смогли преодолеть свои негативные эмоции и работать для достижения общей цели. Это привело к негативным последствиям, включая конфликты, неудачные партнерские отношения и снижение прибыльности. Эти примеры демонстрируют важность преодоления враждебности и поиска способов совместной работы даже в конкурентной среде.

Вероятно, будет нелишним изучить практики контроля за «мозгом рептилии». Что вы думаете об этом?

Принципы наказания недостойных и соизмеримость наказания

Хотя наказания за преступления должны соответствовать позитивным принципам, таким как возмездие, лишение дееспособности, сдерживание, реабилитация и возмещение ущерба, риск злоупотребления развитой пенитенциарной системой все же существует.

Если преступники будут получать больше комфорта и лучшее обращение, чем в своих родных сообществах, это может снизить превентивную силу наказания. Чтобы предотвратить такое злоупотребление и сохранить сдерживающий эффект наказания, необходимо рассмотреть возможность отправки правонарушителей обратно в их родные страны для судебного разбирательства в соответствии с их местными законами и международными нормами правосудия. Уточним, что такое международное право должно развиваться вслед за развитием морали. В подобном случае преступники не смогут воспользоваться развитой системой, а получаемые ими наказания будут сопоставимы с наказаниями в их родных странах, что восстановит сдерживающую силу наказания.

Почему это важно именно сейчас? Иммиграционная система в мире безнадежно устарела и не отвечает скоростям коммуникации в мире. При этом главный вопрос противников иммиграции заключается в несоответствии многих моральных устоев, на базе которых основаны различные мировые правовые системы. Поскольку скоро будет совершенно невозможно продолжать сдерживать трансграничное оказание услуг с учетом развития текущего уровня коммуникаций, а также профиля изменений в транспортировке, единственный контекст, который остается в руках у доисторической и сегодня совершенно уже глупой идеи закрытых границ, это повышение преступности за счет проникновения через границы лиц, которые якобы могут воспользоваться более мягкой пенитенциарной системой страны пребывания. Это, в свою очередь, позволяет дряхлым коррупционерам и их друзьям, — полезным идиотам, задерживать развитие общественной морали в мире.

На фоне продолжающегося развития технологий такая задержка крайне опасна и опасна чрезвычайно: именно мораль идет во главе общественного контроля над законодательством. Что сегодня может помешать очередной транснациональной корпорации сформировать нужное о себе мнение и, по сути, поработить мнение людей на планете для своей выгоды?

Вспомним в этом контексте социальную сеть Мета (ранее известную как Фейсбук и Инстаграм), первые серьезные деньги которой дал дважды судимый за мошенничество и получение взятки уголовник[138] из агрессивного фашистского государства — личный друг местного диктатора[139]. По удивительному совпадению указанные соцсети бойко блокировали тех, кто протестовал против этого фашистского режима, но позволяли выступать нанятым троллям, работающих в интересах упомянутых фашистов. Продажные ведущие университеты с удовольствием поддержат порядок вещей, если это можно будет сделать тихо, без непосредственного ущерба для своей репутации.

Как видите, контекст есть и он непосредственный. В целом, цель состоит в соблюдении принципа

---

[138] 19 августа 1980 года военный трибунал Туркестанского военного округа приговорил Алишера Усманова, сына прокурора Ташкента, к 8 годам лишения свободы за мошенничество и соучастие в получении взятки. Вместе с Усмановым были осуждены его друзья — Бахадыр Насымов, сын заместителя председателя КГБ Узбекистана, и Ильхам Шайков, сын министра сельского хозяйства. 26 марта 1986 года Усманов был условно-досрочно освобожден ввиду «искреннего раскаяния» и «за примерное поведение».

[139] К 2012 году инвестиция Алишера Усманова в компании Фейсбук составляла $ 3,000,000,000.

неотвратимости наказания и его соразмерности совершенному преступлению, что, является уместным и эффективным для сдерживания преступного поведения в будущем.

Одно из вариантов решения состоит в том, чтобы отправить правонарушителей обратно в их родные страны, чтобы предотвратить злоупотребления пенитенциарной системой и сохраненить её сдерживающую силу. Если такое решение не представляется возможным, то выход заключается в том, чтобы копировать нормы локального законодательства для исполнения наказания в странах-партнерах, при условии того, что наказание за преступление, принятое в стране совершения преступления, совершенно явно не соответствует представлениям морали лица, его совершившего, о строгости наказания. Примеры применения такой практики в истории есть, причем как позитивные, так и негативные:

Положительный исторический пример

В прошлом некоторые страны успешно реализовывали стратегию отправки иностранных правонарушителей обратно в свои страны для судебного разбирательства и наказания в соответствии с местными законами. Например, в 1990-х годах Великобритания реализовала эту стратегию, подписав соглашения о передаче заключенных с несколькими странами, включая Ямайку, Таиланд и Индию. Это позволило вернуть иностранных правонарушителей домой для отбытия наказания, снизив нагрузку на пенитенциарную систему Великобритании и восстановив сдерживающий эффект возмездия.

Отрицательный исторический пример

Однако, история знает случаи, когда наказание правонарушителей в их родных странах было жестоким и унижающим достоинство, вызывая общественный резонанс и осуждение. Одним из примеров — дело австралийского журналиста Питера Гресте, арестованного в Египте в 2013 году по обвинению в распространении ложных новостей и поддержке террористической организации. В Египте он был приговорен к семи годам тюремного заключения, но этот приговор подвергся широкой критике как политически мотивированный и несправедливый. Дело Гресте подчеркивает важность соблюдения справедливости при назначении наказания в любом государстве, включая родную страну человека, преступившего закон.

Вероятно, имеет смысл разработать систему правил, позволяющих учесть эти факторы для их применения в будущем.

Так же, как и в системе уголовного правосудия, важно обеспечить честное и справедливое ведение деловых операций. Одним из способов предотвращения злоупотреблений системой является установление правил и положений, предусматривающих ответственность бизнеса за свои действия. Эти нормативные документы могут быть международными, национальными или корпоративными и их можно применять с помощью введения юридических санкций или угрозы нанесения репутационного ущерба.

В случаях, когда предприятия прибегают к неэтичным или незаконным действиям, может потребоваться наложение штрафов или санкций, сравнимых с теми, которые применяются в стране происхождения правонарушителя. Например, если будет обнаружено, что иностранная компания нарушает местные законы, от нее может потребоваться возмещение убытков или юридические санкции, эквивалентные штрафам в ее родной стране.

Однако, как и в случае с уголовным правосудием, существует риск несправедливости или несоразмерности наказания. Важно обеспечить, чтобы наказание соответствовало преступлению и не налагало несправедливого наказания на невиновных. Кроме того, наказание должно служить сдерживающим фактором для предотвращения неэтичных или незаконных методов ведения бизнеса в будущем.

Таким образом, те же самые принципы, что применяются к уголовному правосудию, могут быть экстраполированы и на деловые отношения. Крайне важно проследить, чтобы деловые отношения проводились честно и справедливо, а штрафы или санкции были надлежащими, пропорциональными и служили сдерживающим фактором против неэтичных или незаконных действий в будущем.

Когда страны нарушают санкции, введенные международными организациями, необходимо принимать меры для предотвращения злоупотреблений системой и сохранения сдерживающего эффекта наложенных ограничений. Один из способов сделать это — использовать набор штрафов и санкций, сравнимый с тем, что используется в родной стране нарушителя.

Например, если будет установлено, что государство нарушает международные санкции, занимаясь запрещенной деятельностью, такой как распространение ядерного оружия или терроризм, либо помогает другой стране в таких деяниях, она может быть обязана мировым сообществом столкнуться с юридическими или экономическими санкциями, сравнимыми с теми, которые действуют в их собственных странах применительно к таким же действиям путем наказания всех участвующих в этом процессе лиц и наложения взысканий на имущество, которое такие страны используют. Это может помочь гарантировать, что наказание соответствует деянию и что санкции оказывают сдерживающее воздействие на будущие нарушения.

Однако, как и в случае с уголовным правосудием и деловыми отношениями, существует риск несправедливости или несоразмерности наказания. Крайне важно обеспечить, чтобы наказание было надлежащим и не влекло за собой несправедливого ущемления законных интересов невиновных сторон. Кроме того, наказание должно также служить сдерживающим фактором для предотвращения нарушений международных санкций в будущем.

Таким образом, те же принципы, что применяются к уголовному правосудию и деловым отношениям, могут быть экстраполированы на страны, нарушающие международные санкции. Крайне важно проследить, чтобы штрафы или санкции были надлежащими, пропорциональными и служили сдерживающим фактором против будущих нарушений международных санкций.

Попросите друга покритиковать эту позицию, но подумайте и над собственными аргументами по этому поводу.

Глава XIX

Принципы
поощрения оступившихся
к исправлению

Принцип поощрения исправления оступившихся основан на идее, что люди способны меняться и могут быть мотивированы на улучшение своего поведения. Этот принцип особенно актуален в тех случаях, когда отдельные лица совершили противоправные действия или допустили ошибки и были осуждены за свои действия. Вместо того, чтобы просто наказывать их, цель состоит в том, чтобы побудить их признать свои ошибки, взять на себя ответственность за свои действия и работать над их исправлением.

Положительные примеры применения этого принципа можно найти в программах восстановительного правосудия, направленных на реабилитацию правонарушителей и возмещение вреда, причиненного их действиями. В этих программах правонарушителям предлагается брать на себя ответственность за свои действия, возмещать ущерб своим жертвам и участвовать в мероприятиях, которые помогают им развивать навыки и ценности, способствующие социально-ответственному поведению. Например, некоторые программы восстановительного правосудия включают общественные работы или консультации, которые могут помочь правонарушителям освоить новые навыки, развить сочувствие к другим и обрести чувство цели и самооценки.

Еще один положительный пример принципа поощрения к исправлению оступившихся можно найти в области лечения зависимостей. Многие программы лечения зависимости сосредоточены на том, чтобы помочь людям осознать негативное влияние своего зависимого поведения, взять на себя ответственность за свои действия и разработать стратегии преодоления зависимости. Эти программы часто включают сочетание терапии, лекарств и участия групп поддержки, которые могут помочь людям решить основные психологические и социальные проблемы, которые способствуют их зависимости.

С другой стороны, отрицательный пример этого принципа можно увидеть в случаях, когда лица, допустившие ошибки, подвергаются стигматизации или стыду за свои действия. В этих случаях у людей может пропасть интерес обращаться за помощью или вносить позитивные изменения, потому что они боятся осуждения или остракизма со стороны общества. Это может быть особенно разрушительным в тех случаях, когда люди борются с проблемами психического здоровья или зависимостью, поскольку они могут уже чувствовать себя изолированными и стигматизированными.

Таким образом, принцип поощрения исправления тех, кто оступился, основан на идее, что люди способны меняться и могут быть мотивированы на улучшение своего поведения. Положительные примеры применения этого принципа можно найти в программах восстановительного правосудия и лечения наркомании, а отрицательные примеры можно увидеть в случаях, когда людей стигматизируют или пристыжают за их ошибки.

В принципе поощрения к исправлению оступившихся важно учитывать критерии пригодности для исправления, а также тех, кто предпочитает не участвовать в процессе исправления. Цель состоит в том, чтобы убедиться, что процесс исправления эффективен для продвижения позитивных изменений, а также для удовлетворения потребностей тех, кто споткнулся и готов принять помощь.

В целом критерии права на исправление могут варьироваться в зависимости от конкретного контекста, но некоторые общие факторы, которые следует учитывать, включают тяжесть правонарушения, мотивацию правонарушителя к изменению и наличие ресурсов для исправления. Например, в контексте уголовного правосудия право на участие в исправительных программах может зависеть от таких факторов, как характер преступления, криминальное прошлое правонарушителя и наличие ресурсов для реабилитации.

Еще одно важное соображение заключается в том, готов ли человек участвовать в процессе исправления. Хотя важно поощрять людей обращаться за помощью и работать над улучшением своего поведения, также важно уважать их автономию и их право выбирать, участвовать или нет в исправительных программах. В тех случаях, когда человек решает не участвовать, может быть необходимо рассмотреть другие формы вмешательства, такие как усиленный мониторинг или применение последствий за продолжающееся проблемное поведение.

Также важно признать, что некоторые люди могут столкнуться с препятствиями для участия в исправительных программах, такими как финансовые трудности, отсутствие доступа к ресурсам или культурные или языковые барьеры. Устранение этих барьеров может быть необходимо для обеспечения доступности и эффективности исправительных программ для всех лиц, имеющих на них право.

Таким образом, критерии права на участие в исправительных программах могут зависеть от таких факторов, как тяжесть правонарушения и мотивация правонарушителя измениться. Однако также важно уважать автономию человека и его право выбирать, участвовать или нет в исправительных программах. Устранение барьеров для участия также может быть необходимо для обеспечения доступности и эффективности исправительных программ для всех лиц, имеющих на это право.

Существует множество альтернативных подходов к традиционному уголовному исправлению, которые были предложены и реализованы в различных контекстах. Некоторые из этих альтернатив относительно хорошо зарекомендовали себя и использовались в различных формах в течение многих лет, в то время как другие носят более экспериментальный или нетрадиционный характер. Ниже приведены некоторые примеры альтернативных подходов к уголовному исправлению, в том числе некоторые из них, которые можно считать экзотическими:

1. Восстановительное правосудие

Восстановительное правосудие — это подход к уголовному правосудию, который направлен на возмещение вреда, причиненного преступным поведением, а не только на наказание правонарушителя. Это может включать диалог между правонарушителем, жертвой и членами сообщества и может включать возмещение ущерба, например общественные работы или финансовую компенсацию. Восстановительное правосудие использовалось в различных контекстах, от небольших общественных программ до национальных систем уголовного правосудия.

2. Терапевтическая юриспруденция

Терапевтическая юриспруденция — это подход к юридической практике, который делает упор на психологическое и эмоциональное благополучие лиц, участвующих в судебных разбирательствах. Это может включать использование психологической оценки для информирования программ вынесения приговора или замены, которые обеспечивают лечение основных проблем психического здоровья или злоупотребления психоактивными веществами. Этот подход использовался в различных контекстах, включая суды по делам о наркотиках и суды по психическому здоровью.

3. Анималотерапия

Анималотерапия включает в себя использование дрессированных животных для помощи в терапевтических вмешательствах с людьми, которые были замешаны в преступном поведении. Это может включать работу с собаками, лошадьми или другими животными, чтобы помочь людям развить эмпатию, уменьшить беспокойство или развить другие социально-ответственные модели поведения. Этот подход использовался в различных контекстах, от тюрем до исправительных учреждений для несовершеннолетних.

4. Реабилитация в виртуальной реальности

Реабилитация в виртуальной реальности включает использование иммерсивных[140] технологий для создания симуляций реальной среды, которые могут помочь людям развить новые навыки или преодолеть психологические барьеры. Этот подход использовался в различных контекстах, включая помощь людям с тревожными расстройствами или посттравматическим стрессовым расстройством, и был предложен в качестве инструмента, помогающего людям, участвующим в преступном поведении, развить эмпатию или другое социально-ответственное поведение.

5. Экотерапия

Экотерапия предполагает использование природных вмешательств для улучшения эмоционального и психологического благополучия. Это может включать в себя такие виды деятельности, как садоводство, походы или другие мероприятия на свежем

---

[140] *Иммерсивные технологии* подразумевают трансформацию роли педагога, выставляя акцент на проектировании много модальной виртуальной среды, создания сценариев погружения. За последние несколько лет «иммерсивность» в сфере образования была признана мощным и эффективным инструментом поддержки обучения.

воздухе, которые могут помочь людям соединиться с природой и развить чувство цели и смысла. Этот подход использовался в различных контекстах, в том числе в тюрьмах и центрах содержания под стражей несовершеннолетних.

6. Арт-терапия

Арт-терапия включает в себя использование творческой деятельности, такой как рисование, рисование или скульптура, для улучшения эмоционального и психологического благополучия. Этот подход использовался в самых разных условиях, в том числе в тюрьмах и центрах содержания под стражей для несовершеннолетних, и доказал свою эффективность, помогая людям развивать новые навыки и стратегии выживания.

Хотя некоторые из этих подходов можно считать экзотическими или нетрадиционными, все они доказали свою эффективность в содействии позитивным изменениям в людях, вовлеченных в преступное поведение. Важно продолжать изучать и разрабатывать новые подходы к уголовному исправлению, поскольку традиционные карательные подходы оказались неэффективными в снижении рецидивизма и содействии долгосрочным позитивным изменениям.

Возможно, что всем нам имеет смысл подумать об этом как можно более тщательно.

Принципы благотворительности и дарования

Пожертвования и благотворительность важны как для общества, так и для личного развития, поскольку они могут привести к положительным изменениям в людях и в их сообществах.

Когда мы даем другим, будь то финансовые пожертвования, волонтерство или пожертвование товаров, мы помогаем нуждающимся, что может оказать положительное влияние на их жизнь. Занятие благотворительностью дарит нам ощущение цели и удовлетворения, поскольку мы чувствуем, что вносим свой вклад и действуем во благо. Исследования показали, что пожертвования и благотворительная деятельность могут повысить уровень счастья, улучшить психическое здоровье и снизить уровень стресса.

Кроме того, благотворительность — это возможности для личного роста и развития. Когда мы даем другим, то развиваем эмпатию, сострадание и чувство взаимосвязи с людьми. Эти качества могут привести к улучшению отношений, а также к лучшему пониманию потребностей и трудностей других. Даяние также может помочь нам развить чувство благодарности за то, что у нас есть, и повысить уровень осознания привилегий и преимуществ, которыми мы можем наслаждаться в жизни.

Пожертвования также могут оказать положительное влияние на нашу профессиональную жизнь. Например, благотворительная деятельность и участие сообщества могут помочь создать положительную репутацию и расширить возможности для налаживания связей. Работодатели также обычно ценят сотрудников, активно занимающихся благотворительностью, поскольку это может продемонстрировать лидерские качества, сочувствие и стремление оказать положительное влияние.

Таким образом, пожертвования и благотворительность важны для личного и общественного развития, поскольку они могут привести к положительным изменениям в людях и социуме. Отдавая другим, мы испытываем чувство достижения цели и удовлетворения от этого, развиваем эмпатию и сострадание и укрепляем свое психическое и физическое здоровье. Поэтому включение благотворительной деятельности в нашу жизнь может быть полезным не только для получателей нашей щедрости, но и для нашего личного роста и благополучия.

Каббалистическая традиция выделяет внутренние принципы благотворительности. Они служат руководством для тех, кто стремится помочь остро нуждающимся. Эти принципы основаны на идее о том, что пожертвования должны быть обдуманными, преднамеренными и эффективными, сделаны с целью оказания значимого и положительного влияния на жизнь тех, кто получает помощь. Ниже приведены восемь внутренних принципов благотворительности с короткими пояснениями:

Дарите с намерением

Прежде чем дарить, найдите время, чтобы подумать, чего вы надеетесь достичь своим подарком. Спросите себя, какие проблемы вы надеетесь решить и как ваш дар может помочь.

Дарите с состраданием

Дарение должно исходить из сочувствия и сострадания. Стремитесь понять проблемы и трудности, с которыми сталкиваются нуждающиеся, и реагируйте на них с добротой и пониманием.

Дарите с уважением

Дарение должно быть сделано с уважением к достоинству и автономии получателя. Не навязывайте свои убеждения или ценности тем, кому пытаетесь помочь.

Дарите с мыслью о воздействии

Пожертвования должны быть направлены на достижение измеримого и устойчивого воздействия. Ищите способы поддержать инициативы и программы, доказавшие свою эффективность.

Дарите с прозрачностью

Пожертвование должно быть прозрачным, тогда оно вызовет доверие у получателя. Четко определите цель и задачи вашего подарка и открыто сообщите о том, как будут использованы средства.

Давать с ответственностью

Пожертвования должны сопровождаться мерами подотчетности, чтобы гарантировать, что средства используются эффективно и результативно. Это может включать в себя регулярные отчеты о ходе проекта или программы или привлечение независимых аудиторов для проверки влияния вашего дара.

Делайте пожертвования с учетом устойчивости

Пожертвования должны осуществляться таким образом, чтобы способствовать долгосрочной устойчивости. Ищите способы поддержки инициатив, которые наращивают потенциал и способствуют самодостаточности, а не создают зависимость от внешней помощи.

Давать со смирением

Давать нужно со смирением и признанием наших собственных ограничений. Мы должны быть открыты для того, чтобы учиться у тех, кому мы стремимся помочь, и признавать, что наши собственные предубеждения и предположения, возможно, нуждаются в оспаривании и переоценке.

Следуя этим принципам, мы можем гарантировать, что наши пожертвования продуманны, преднамеренны и эффективны, а также что они оказывают значимое и положительное влияние на жизнь тех, кто остро в ней нуждается.

> Есть также восемь внешних уровней дарования[141], известных каббалистической традиции, я привожу их как цитату, хотя и с моими комментариями:

Уровень восьмой, самый низший:

Давать неохотно, с кислым упреком. Давать с неохотой, безусловно, лучше, чем не давать вообще, и поэтому такое дарование заслуживает восьмого места в списке Маймонида[142]. Это низшая из всех форм благотворительности. Она определенно эгоистична, поскольку не мотивирована истинной заботой или любовью, а продиктована, скорее, чувством вины или долга. Однако... спасибо за нее тоже.

Уровень седьмой

Давать меньше, чем вы можете себе позволить, но делать это приятно. Польза от дружеского

---

[141] Речь идет о *Цедака* (цдака) или *Şedaqah* (иврит: *благотворительность* צדקה [ts (e) daˈka]) — это еврейское слово, означающее «праведность», но обычно используемое для обозначения благотворительности. Это понятие «благотворительность» отличается от современного западного понимания «благотворительности». Последнее обычно считается спонтанным актом доброй воли и показателем щедрости; Цдака — это этическое обязательство.

[142] *Рабби Моше бен Маймон*, известный под аббревиатурой «Рамбам», 1135–1204 гг.; Кордова (Испания), Фес (Марокко) и Фостат (старый Каир, Египет); кодификатор, философ, лидер общины и придворный врач египетского султана Саладина; автор комментария к Мишне, Книге заповедей, Мишне Тора, Путеводителя для недоумевающих и многих других работ.

отклика настолько велика, что компенсирует даже самое скромное пожертвование. Если вы не чувствуете себя готовым к удовлетворению чужих потребностей в полной мере, то вы можете проявить неподдельный интерес и сопереживание к нуждающемуся. Искреннее выражение заботы может удовлетворить человека эмоционально и придать ему силы продолжать, даже если вы не захотели полностью удовлетворить его просьбу.

Шестой уровень

Щедро давать, но только после того, как вас об этом попросят. Никто не узнает, насколько было тяжело просящему проявить инициативу и обратиться к вам за помощью. Однако, благословенно будет имя щедро дающего.

Уровень пятый

Давать до того, как вас попросят. Не ждущий крика о помощи подобен Ангелу Творца.

Четвертый уровень

Получатель знает дающего, но дающий не знает получателя. На уровнях дарования, которые мы описывали выше, получатель и даритель известны друг другу. Разумеется, в случае искренности каждого из них, даритель не может испытать превосходства над одариваемым, однако последний знает об оказанной ему милостыне конкретным дарителем.

Третий уровень

Даритель знает получателя, но получатель не знает дарителя. На этом уровне цдака, противоположном четвертому уровню, у эго жертвователя есть пространство для самовыражения. Поскольку дающий знает, кто получает его щедрость, есть место для некоторого чувства превосходства или доминирования над получателем. Однако бенефициар не знает, кто является донором, и поэтому его достоинство сохраняется.

Второй уровень

Анонимное предоставление дара, когда получатель не знает дарителя и наоборот. Единственный, кто знает о добром деле, это Творец. Это тот уровень, когда мы действуем одной душой или, если сказать совершенно точно, одной душой и одним эго, осознавая таким образом нашу сущность одного «я» или «мы», как будет угодно. Это — высшая форма из тех, что встречаются на Земле[143].

Уровень первый

Помочь кому-то стать самодостаточным. Все нормы и правила отменяются, когда мы проявляем в себе искру Творца. Когда вселяем уверенность в других. Когда эта уверенность помогает человеку самому находить решения своих проблем. Когда это сопряжено с тем, что мы становимся источником силы для других. Всё это и означает стать подобным Творцу.

Я намеренно опускаю здесь последствия дарования для дающего: если мы подумаем тщательно, вероятно, это окажется второстепенным.

---

[143] Именно так я понимаю значение слова «доблесть» — храбрость, о которой никому, кроме Творца, никогда не станет известно.

Смерть
и ее безоговорочный выбор

У меня для вас приготовлен сюрприз: нам было уже давно известно, то жизнь — это театр, и мы в ней — всего лишь актеры[144]. В каком-то смысле — это религиозная идея. Актер, разыгрывающий человеческую драму — всего лишь актер. В конце спектакля он возобновляет другую, более постоянную жизнь — загробную. Другими словами, то, что он делал на сцене, то есть в своей жизни, — это просто игра. Настоящая жизнь лежит за этими пределами.

Звучит как средневековая сказка, — однако мои глубокие медитации, которые, впрочем, я не считаю догмой, мне лично показали примерно такую картинку: коллективное «мы» играет в игру, которую изобрел для нас некий искусственный разум, созданный нами же специально ради этой игры-эксперимента. Мое единственное доказательство этой теории заключается в том, что я испытал погружение в абсолютно невероятное чувство любви ко всему сущему. Раньше я ничего подобного не видел, хотя о самадхи[145] мне приходилось читать.

Из всего этого складывается сдержанное отношение к смерти как к естественному переходу на иной

---

[144] "*All the world's a stage*" или «*Весь мир — театр*» — фраза, которой Уильям Шекспир начитает монолог комедии «Как вам это нравится», Акт II строка 139.

[145] *Самáдхи* (от санскр. समाधि, IAST: *samādhi* — «погружение, собирание», буквально «зафиксировать, закрепить, направить на что-то внимание») — термин, используемый в индуистской и буддийской медитативных практиках. Описывается как полное поглощение в объекте медитации. Самадхи есть то состояние, достигаемое медитацией, которое выражается в спокойствии сознания, снятии противоречий между внутренним и внешним мирами (субъектом и объектом). В буддизме самадхи — последняя ступень восьмеричного пути (благородный восьмеричный путь), подводящая человека вплотную к нирване.

уровень. Чрезмерный пиетет по отношении к уходу из мира земного, как и любые излишества, чрезвычайно опасен: бесчисленное количество раз под влиянием страха смерти совершались отвратительные и постыдные поступки.

Таким образом, смерть должна быть естественным вариантом развития событий для ронина. В обоих случаях она служит почетным способом избежать невыносимой ситуации. Здесь, однако, есть нюанс, который исключительно важен: в каббалистической традиции считается, что избегание ситуации через самоубийство лишь перенесет развитие подобной ситуации в следующую жизнь. За редким исключением, это может считаться проявлением трусости. Выбор же естественного развития ситуации, приводящего к смерти, представляется мне единственно верным. Если мы хорошо подумаем и расширим понятие смерти до того значения, которое придается ей гадательной[146] *картой Таро*[147], то мы сможем найти

---

[146] *Гадания* (прорицание, мантика — от греч. μαντική) — предсказание будущих событий или определение характера с помощью методов, которые считаются нерациональными или магическими. С изменением сознания, в том числе в связи с прецессией Земли, ученые находят все больше смысла во внешне иррациональных прорицаниях. Например, есть точка зрения, согласно которой кверент — лицо, для которого предсказывает прорицатель, проговаривает свою ситуацию с разных позиций и получает новые идеи для разрешения своей проблем. Прорицатель видит много схожих ситуаций и находит успешные паттерны поведения в таких случаях. Также есть точка зрения, которую весьма условно можно назвать квантовым наблюдением: во время опытов на БАК было научно доказано, что частицы ведут себя иначе, находясь под наблюдением в момент бомбардировки другими частицами.

[147] *Карты таро́* — колода карт, используемая с середины XIV века в различных частях Европы для карточных игр (итальянский *tarocchi*, французский *tarot* и австрийский *Königrufen*). С конца XVIII века карты таро стали использоваться и для гадания.

вполне позитивный смысл даже в самом неприятном и трудном варианте развития событий. У карты Таро по имени Смерть есть несколько значений: прекращение отжившего, нерабочая ситуация, финальный выбор и выход из бесконечного цикла созданных проблем, будь то прекращение семейных отношений, увольнение с работы, которая приносит только неудовлетворение и т. п. Даже сам факт твердого выбора прекращения развития ситуации может обеспечить приемлемый способ искупить утраченное благородство и уважение.

В японской традиции существует такое понятие как *шиката га най*[148]. Шиката га най — японская фраза, которую можно перевести как «ничего не поделаешь» или «бесполезно об этом беспокоиться». Это культурная концепция, глубоко укоренившаяся в мышлении японцев, когда возникают ситуации, которые мы не можем контролировать, то нужно принять их и двигаться дальше.

Одним из примеров шиката га най в действии является японский подход к стихийным бедствиям, таким как землетрясения и тайфуны. Япония — страна, в которой такое случается часто, и люди выработали в себе мышление устойчивости и приспособляемости в ответ на природные катаклизмы. Когда происходит удар стихии, японцы не тратят время на беспокойство о том, чего нельзя изменить; вместо этого они сосредотачиваются на том, что они могут сделать,

---

[148] *Shikata ga nai* (仕方がない), произносится [ɕi̥kata ga na⁺i] — это фраза на японском языке, означающая «с этим ничего не поделаешь» или «с этим ничего нельзя поделать». *Шо га най* (しょうがない), произносится как [ɕo: ga na⁺i] — альтернатива. Эта фраза использовалась многими западными писателями для описания способности японцев сохранять достоинство перед лицом неизбежной трагедии или несправедливости, особенно когда обстоятельства находятся вне их контроля.

чтобы минимизировать ущерб и двигаться вперед как можно быстрее.

Другой пример шиката га най в действии можно увидеть в японской корпоративной культуре. В японской компании процесс принятия решений часто протекает медленно и основывается на консенсусе, при этом особое внимание уделяется поддержанию гармонии и предотвращению конфликтов. Однако, в ситуации, когда текущая стратегия не работает и необходимо в короткие сроки изменить курс, японская бизнес-культура может быстро измениться. Вместо того, чтобы погрязнуть в поиске виноватых и обвинениях, команда признает, что ситуация изменилась, и что единственный разумный выбор — отказаться от предыдущей стратегии и двигаться вперед с новым планом.

В этом смысле шиката га най можно рассматривать как положительную силу в японской культуре, способствующую адаптации, устойчивости и способности быстро меняться при необходимости. Признавая, что некоторые ситуации находятся вне нашего контроля, мы можем сосредоточить свою энергию на том, что мы можем сделать, чтобы двигаться вперед, а не тратить время и энергию на вещи, которые мы не можем изменить.

Физическая же смерть часто рассматривалась некоторыми как конечная форма свободы. Для самурая, который часто связан строгим кодексом поведения и традициями, смерть может показаться желанной передышкой от оков служения. Здесь, однако, я привожу этот пример, чтобы показать разницу между смелой и счастливой жизнью ронина, пределов развития которой нет, и существованием самурая, вынужденного искать временного успокоения души в вымышленном мире доблести рабского служения хозяину — циничному негодяю, поработившему талантливую душу.

Для ронина ситуация, таким образом, выглядит иначе и это различие критически важно.

Ронин не имеет хозяина, и поэтому не придерживается каких-либо ожиданий поведения. Как правило, ронин должен быть независимым и находчивым, чтобы выжить, хотя при этом на них обычно смотрят свысока в обществе: рабы мечтают освободиться и стать хозяевами, а свободные люди мечтают об обществе свободных людей. От ронинов не ожидают, что они будут следовать тем же правилам поведения или традициям, что и самураи, и, хотя они иногда практикуют бусидо (моральный кодекс самураев), это не является требованием.

Ронин выбирает смерть как средство чести. Умирая героической смертью вместо того, чтобы жить с бесчестием трусости, ронин демонстрирует храбрость и верность делу, которому он *выбрал* служить. Этот выбор также коренится в моральных, философских и религиозных убеждениях и принципах, которые подчеркивают самопожертвование и духовное смирение.

В то время, как для самурая смерть становится актом искупления, где самурай может искупить любое невыполнение своего долга и выразить уважение высшей силе судьбы, выбор смерти ронином не связан со стыдом за невыполнение норм рабского служения хозяевам, установленных последними. Ронин выбирает смерть как манифест собственной внутренней свободы, где внутренняя решимость выбирать собственное счастье, основанное на глубоком и бескомпромиссном самоуважении, поддержанном, в свою очередь, осознанным выбором тех решений, которые лично сам ронин считает правильными[149], превалирует над

---

[149] Важность выбора решений, которые основаны на собственном внутреннем уважении, критически значима для внутреннего

его инстинктом самосохранения. Превалирует не само по себе, а благодаря внутренней решимости ронина, готового отстаивать свои моральные ориентиры ценой собственной жизни, имущества, положения в обществе, реноме, влияния и т. п.

Счастье — это субъективное и едва уловимое понятие, которое изучалось и обсуждалось учеными, философами и учеными на протяжении всей истории. Передовой опыт человечества и других стран предполагает, что счастье — это состояние ума, характеризующееся положительными эмоциями, такими как радость и удовлетворение. Это состояние часто ассоциируется с чувством благополучия, которое приходит от достижения своих целей и жизни, наполненной смыслом.

Один из способов узнать, что приносит вам счастье, — это поразмышлять о собственном опыте и ценностях. Вы также можете черпать вдохновение в исторических примерах людей, которые разными способами стремились к счастью.

Вот несколько из них:

Аристотель и стремление к эвдемонии

Древнегреческий философ Аристотель считал, что счастье, или эвдемония, является конечной целью человеческой жизни. Согласно Аристотелю, эвдемония была не просто чувством удовольствия, а состоянием бытия, возникающим в результате добродетельной жизни. Он считал, что счастье приходит от развития таких добродетелей, как мужество, мудрость и справедливость, а также от участия в значимых и приносящих удовлетворение действиях.

состояния счастья и отражена в базовых нормах основных мировых религий. Так, например, в ряде религий присутствуют понятия уподоблению Б-гу через принятие на себя функции творца.

Бутанская концепция валового национального счастья

Бутан — небольшая страна в Гималаях, здесь разработали уникальный подход к измерению прогресса и благополучия. Вместо того чтобы сосредоточиться исключительно на экономическом росте, правительство Бутана приняло философию *валового национального счастья* (ВНС), в которой подчеркивается важность духовных, социальных и экологических факторов в обеспечении счастья. Меры для поднятия ВНС включают такие параметры, как жизнеспособность сообщества, культурное разнообразие и экологическая устойчивость, в дополнение к экономическим показателям.

В последние годы исследователи в области позитивной психологии изучали науку о счастье и благополучии. В этой области подчеркивается важность культивирования положительных эмоций, таких как благодарность, доброта и оптимизм, а также развития внимательности и устойчивости. Исследования в области позитивной психологии показали, что счастье — это не просто мимолетная эмоция, а навык, который можно развивать и укреплять с течением времени.

Таким образом, счастье — это сложное и многогранное понятие, которое исследовалось философами, учеными и учеными на протяжении всей истории. Лучшие практики человечества предполагают, что счастье — это не просто чувство удовольствия, а состояние ума, характеризующееся положительными эмоциями, смыслом и удовлетворением. Чтобы узнать, что приносит вам счастье, вы можете поразмышлять о своих собственных ценностях и опыте и поискать вдохновения в исторических примерах людей, которые разными способами стремились к счастью.

Я расскажу кого я считаю счастливым. Для начала этот человек должен быть свободен от всех возможных оков, включая догмы, стигмы общества, чувство вины, нелюбви к себе. Другими словами, он должен сначала выбрать свободу, чтобы встать на путь счастья и постепенно завоевать его через обоснованное уважение к себе. Ронин на пути к счастью — это благородный и мужественный человек, посвятивший себя благополучию своих близких. Он обладает исключительным характером, позволяющим ему расти и развиваться каждый день, независимо от обстоятельств, с которыми он сталкивается. Он честен, храбр и щедр, стремится создать стабильную, упорядоченную и комфортную жизнь для себя и окружающих.

Для ронина счастье достигается за счет самореализации в материальном мире. Он понимает важность материального благополучия и улучшения своих жизненных обстоятельств, но делает это не теряя здравый смысл и адекватное восприятие вещей. Он заботится об окружающем мире и учитывает в своих действиях интересы будущих поколений. Он открыт для перспективных проектов, готов воплотить эти идеи в жизнь и различает разницу между фантазиями и реально различимыми проектами. Он выбирает бескомпромиссную борьбу за свои идеалы и готов отдать жизнь за свободу выбирать свое счастье самому. Ключ, таким образом, в презрении к невзгодам, связанным с прекращением цепи событий, которые делают нас несчастными или — в презрении к смерти.

Благодаря этому акту ронин на пути к счастью может обрести внутренний покой и достичь состояния просветления. Не забывайте, однако, что ваше решение о выборе должно быть непосредственным, необратимым и немедленным. Вы увидите, что, например, выбор приказа от какого-нибудь самозванца пойти и умереть за его корыстные интересы не будет обладать немедленным и непосредственным эффектом и не будет приводить вас к счастью в данной выше формулировке. Такая смерть не является верным решением, также и потому, что для вас идея отдать жизнь за проходимца не имеет непосредственного смысла, а ее реализация приведет к смертельной опасности не сразу, а после того, как вас, как скот, затолкают в траншеи на убой. В траншеях, как правило, бывает уже поздно менять свое решение.

Вспомните свои собственные обстоятельства в жизни, которые могли быть совершенно иными, если бы вы всегда проявляли презрение к смерти во всех ее проявлениях.

Будущее планеты

Рассмотрим развитие текущего сценария развития в качестве базового, причем он определенно носит негативный характер, поэтому будем называть его «негативный сценарий». Такой сценарий развития в части экологической экологической ситуации может иметь тяжелые последствия для населения, здоровья и уровня комфортности в ближайшей перспективе и в дальнейшем. Вот некоторые возможные негативные последствия:

Негативный сценарий развития экологической ситуации может иметь существенные последствия для населения, здоровья и уровня комфортности в ближайшие 5, 10 и 20 лет. Вот некоторые потенциальные негативные последствия, а также статистические данные, экстраполяция и оценки вероятности:

Население

Изменение климата может привести к перемещению миллионов людей из их домов из-за экстремальных погодных условий, повышения уровня моря и стихийных бедствий. Даже без реализации негативного сценария, по оценкам Всемирного банка, к 2050 году число климатических мигрантов может составить от 25 миллионов до 1 миллиарда[150] человек. Вероятность   значительного   увеличения

---

[150] Разброс вариантов слишком велик для полного осознания, но что, если я скажу примерно так: обладающий многими наградами проект из Великобритании Carbonbrief описывает вероятность увеличения температуры до 4 градусов Цельсия как стартовую вероятность, при этом, при увеличении температуры всего на 3 градуса, следующие города станут невозможными для проживания: Токио, Мумбай, Нью-Йорк, Осака, Стамбул, Калькутта, Бангкок, Джакарта, Лондон, Дака, Хо Ши Мин, Сан Франциско, Майами, Александрия, Сидней, Бостон, Лиссабон, Дубай, Ванкувер, Абу Даби, Копенгаген, Новый Орлеан, Дублин, Гонолулу, Амстердам, Канкун, Венеция, это означает — 226 000 000 беженцев.

климатических мигрантов в ближайшие 5 лет оценивается примерно в 60%, а вероятность в следующие 10 и 20 лет оценивается примерно в 75 % и 85 % соответственно.

Здоровье

Ухудшение состояния окружающей среды также может привести к риску для здоровья людей. По данным Всемирной организации здравоохранения, загрязнение воздуха вносит значительный вклад в респираторные и сердечно-сосудистые заболевания, ежегодно приводя к преждевременной смерти около 7 миллионов человек во всем мире. В ближайшие годы заболеваемость болезнями, связанными с загрязнением воздуха, вероятно, возрастет, особенно в странах с низким и средним уровнем дохода. Вероятность значительного увеличения заболеваний, связанных с загрязнением воздуха, в ближайшие 5 лет оценивается примерно в 70 %, а вероятность в следующие 10 и 20 лет оценивается примерно в 80 % и 90 % соответственно.

Уровень комфорта

Экстремальные погодные условия, такие как жара, засуха и наводнения, могут повредить инфраструктуру, привести к перебоям в подаче электроэнергии и нарушению поставок основных товаров и услуг. Это может негативно сказаться на экономике, что приведет к безработице и бедности. Например, экономический ущерб от стихийных бедствий, связанных с климатом, в доковидном 2018 году оценивается Центром исследований эпидемиологии бедствий примерно в 160 миллиардов долларов. Вероятность значительного увеличения экономических потерь от стихийных бедствий, связанных с климатом, в ближайшие 5 лет оценивается примерно в 50 %, а вероятность в следующие 10 и 20 лет оценивается примерно в 60 % и 70% соответственно.

Тирании

Изменение климата может усугубить существующую геополитическую напряженность и привести к возникновению тираний. Поскольку страны конкурируют за истощающиеся ресурсы, некоторые из них могут стремиться доминировать и эксплуатировать более слабые страны. Это может привести к нарушению прав человека, подавлению демократических движений и возникновению авторитарных режимов. Вероятность значительного увеличения числа авторитарных режимов в ближайшие 5 лет оценивается примерно в 40%, а вероятность в следующие 10 и 20 лет оценивается примерно в 50 % и 60 % соответственно.

Роботизация

Изменение относится к более широкому использованию роботов и автоматизации для выполнения задач, которые ранее выполнялись людьми. Хотя это может принести много преимуществ, таких как повышение эффективности и производительности, это также может иметь негативные последствия для работников и общества в целом в части неожиданных волнений, которые может вызвать неопределенность и безработица. Живя в Нью-Йорке, я мог лично наблюдать за самоубийствами владельцев медальонов такси, выкупленных за огромные деньги, которые уже нельзя было оправдать в связи с конкуренцией с компанией Uber — всего лишь зачатком примитивной роботизации диспетчерской службы.

В то время как одной из основных проблем роботизации является потеря работы, бюрократия госслужащих будет всегда запаздывать с ответом на очень быстрые изменения на рынке. В первую очередь от того, что весь смысл существования бюрократии — замедлять процессы изменений для их последующего контроля и эксплуатации. Однако, в данном случае, они будут рисковать своей жизнью — настолько острыми будут становиться вопросы, связанные с массовой потерей средств к существованию в связи с роботизацией и неизбежными столкновениями за ресурсы, которые неизбежно перейдут в войны уже в самое ближайшее время. Все больше задач автоматизируется и, не то, чтобы многие рабочие места исчезнут, а все рабочие места перестанут существовать в том виде, как мы их понимаем сегодня. Согласно отчету Глобального института McKinsey, к 2030 году из-за автоматизации может быть сокращено до 800 миллионов рабочих мест, однако это прогноз я считаю не выдерживающим серьезной критики, поскольку потеря работы будет иметь характер геометрической прогрессии, не более 2 % рабочих мест останется неподверженными эффектам, связанным с роботизацией. Это окажет непосредственное и колоссальное влияние на многие отрасли, от производства до финансов и здравоохранения.

Кроме того, потеря работы может привести к социальному неравенству значительно большему, чем то, которое в свое время вызвало первую Французскую Революцию. Работники в сильно автоматизированных отраслях смогут все с большим с трудом находить новые возможности трудоустройства, особенно если им не хватает навыков, необходимых для перехода на новую работу. Это может привести к экономическому и социальному неравенству между теми, кто выигрывает от автоматизации, и теми, кто остался позади.

Например, даже сейчас, когда воздействие роботизации пока опосредованно, рост электронной коммерции уже привел к закрытию многих обычных магазинов, что привело к потере работы работниками розничной торговли. Ситуация усугубилась пандемией COVID-19, которая ускорила переход на онлайн-покупки. Согласно данным Бюро статистики труда, занятость в розничной торговле сократилась на 15 % в период с января 2020 года по февраль 2021 года.

Еще одной проблемой роботизации является потенциальное исчезновение некоторых профессий. По мере того, как машины становятся более совершенными, они могут выполнять задачи, которые раньше выполнялись только людьми. Например, беспилотные автомобили могут в итоге заменить людей-водителей, что приведет к устареванию индустрии такси и грузоперевозок.

Утрата этих профессий может оказать значительное влияние на работников и их сообщества. Например, добыча угля в Соединенных Штатах за последние десятилетия значительно сократилась из-за автоматизации и более широкого использования альтернативных источников энергии. Это привело к потере работы и экономическому спаду во многих регионах, где доминируют угледобывающие компании.

Помимо этих негативных последствий, последствия роботизации также могут усугубляться другими факторами, такими как загрязнение воздуха и глобальное потепление. Например, использование роботов в производстве может привести к увеличению потребления энергии и выбросов парниковых газов, способствуя изменению климата. Точно так же использование автоматизированных транспортных средств может привести к увеличению пробок на дорогах и загрязнению воздуха, особенно если они работают на ископаемом топливе.

Таким образом, хотя роботизация может принести много преимуществ, она также может привести к потере работы, исчезновению профессий и социальному неравенству. Эти эффекты могут усугубляться другими факторами, такими как загрязнение воздуха, глобальное потепление и другие социальные и экономические неравенства, что подчеркивает необходимость тщательного рассмотрения воздействия автоматизации на работников и общество в целом.

Фактор роботизации будет действовать опосредованно: он будет приводить к социальным конфликтам и к войнам за ресурсы. В ситуации, когда значительная часть общества будет оставаться неосознанной, риски глобальных конфликтов с участием крупных вовлеченных стран будут увеличиваться.

Крупные вовлеченные страны

Негативное развитие экологической ситуации с участием крупных стран может иметь тяжелые последствия для всего мира. Крупные державы могут участвовать в гонке вооружений, чтобы обеспечить доступ к ресурсам, что приведет к распространению ядерного оружия и увеличению риска конфликта. Это может привести к нарушению международного порядка и увеличить вероятность войны, причинив дополнительный вред окружающей среде и человеческому населению. Вероятность значительного увеличения риска ядерного конфликта в ближайшие 5 лет оценивается примерно в 30 %, а вероятность в следующие 10 и 20 лет оценивается примерно в 40 % и 50 % соответственно.

Если бы описанные выше негативные сценарии сохранялись бы в течение 100 лет без улучшения, экологическая ситуация могла бы стать катастрофической. Средняя глобальная температура может повыситься на целых 6 градусов по Цельсию, что приведет к экстремальным погодным явлениям, повышению уровня моря и коллапсу экосистемы. Утрата биоразнообразия может привести к исчезновению многих видов с каскадным эффектом по всей пищевой цепи. Воздух может стать все более загрязненным, что приведет к широко распространенным респираторным заболеваниям и преждевременной смерти.

Население может продолжать расти, достигнув к концу века 13 миллиардов или более человек. Это может усугубить нехватку ресурсов и привести к обострению конфликтов из-за земли, воды и других жизненно важных ресурсов. Нехватка воды может перерасти в глобальный кризис, затронувший миллиарды людей и приведший к массовой миграции и перемещению.

Негативное развитие ситуации с тираниями может привести к усилению авторитаризма и геополитической напряженности, что потенциально может привести к глобальному конфликту и катастрофическим последствиям для человечества.

Важно отметить, что эти сценарии не являются неизбежными и что могут быть предприняты значительные действия для смягчения последствий деградации окружающей среды, содействия устойчивому развитию и снижения рисков конфликтов. Однако без срочных действий и коллективных усилий по решению этих проблем долгосрочные перспективы человечества и планеты вызывают тревогу.

Я привожу популярно написанную статью об увеличении температуры на 5,8 градусов как цитату[151]:

---

[151] https://www.briangwilliams.us/environmental-regulations/if-global-temperatures-rose-six-degrees-whatwould-happen.html

«Повышение температуры на пять градусов опустошит большую часть подземных резервуаров воды на планете, что затруднит выращивание сельскохозяйственных культур. Конкуренция за оставшиеся в мире пахотные земли может привести к тому, что Китай вторгнется в Россию, а Соединенные Штаты вторгнутся в Канаду. Люди будут все больше концентрироваться на полюсах, а население Земли может сократиться до одного миллиарда или меньше. Условия могут напоминать те, что были примерно 55 миллионов лет назад, когда уровень углекислого газа превышал 1000 частей на миллион, океаны были кислыми, и были экстремально влажные и сухие условия. За это время произошло массовое вымирание морских существ. Ученые считают, что гибель могла быть результатом мощного извержения смеси метана и воды, выделившейся из глубин океана. Даже сегодня огромное количество этого вещества остается в ловушке на континентальных шельфах под океанами.

Если не остановить глобальное изменение климата, оно может привести к условиям, подобным тем, что были в конце пермского периода, около 250 миллионов лет назад. Затем катастрофическое событие уничтожило почти все живое на Земле. Ученые не уверены, что вызвало это, но одной из версий является парниковый эффект, который повысил глобальную температуру на шесть градусов. Океаны были почти непригодны для жизни, бушевали свирепые ураганы, а извергающиеся вулканы выбрасывали в атмосферу большое количество углерода. При плюс шести градусах людям грозит быстрое вымирание. Лайнас упомянул возможность «самого кошмарного сценария», сверхизвержений подводного метана, которые будут в 10 000 раз мощнее, чем все ядерное оружие в мире вместе взятые.»

Нам нужно ввести еще одно понятие в расчеты вероятности ситуации.

Сингулярность

Понятие сингулярности относится к гипотетической точке в будущем, когда искусственный интеллект превзойдет человеческий интеллект, что приведет к экспоненциальному технологическому росту и глубоким изменениям в обществе. В негативном сценарии, описанном ранее, сингулярность потенциально может усугубить существующие проблемы и создать новые.

Одним из возможных негативных последствий сингулярности является появление общества, в котором доминирует искусственный интеллект (ИИ), которое ценит эффективность и производительность выше человеческого благополучия. В таком обществе люди могут быть сведены к простым винтикам в машине, а их физическому и психическому здоровью пренебрегать в погоне за большими технологическими достижениями. Это может привести к антиутопическому будущему, в котором человеческие страдания широко распространены, а пропасть между богатыми и бедными увеличивается.

Еще один потенциальный негативный результат сингулярности — потеря контроля над передовыми технологиями. По мере того, как системы ИИ становятся все более сложными и автономными, они могут развивать свои собственные цели и ценности, несовместимые с человеческими. Это может привести к непредвиденным последствиям и потенциально катастрофическим событиям, таким как мошенническая система искусственного интеллекта, вызывающая глобальную катастрофу. Защита от этого одна: высокая мораль.

Кроме того, сингулярность может также усугубить экологические проблемы, описанные ранее, поскольку передовые технологии требуют огромного количества энергии и ресурсов для разработки и поддержания. Экспоненциальный рост технического прогресса может привести к быстрому истощению ресурсов и ускоренной деградации окружающей среды, что лишь усугубит существующие проблемы, такие как изменение климата и загрязнение.

В целом негативные последствия сингулярности в данном сценарии значительны и требуют тщательного рассмотрения и планирования для снижения потенциальных рисков.

Таким образом, просто продолжив жить так, как мы живем сейчас, по моим расчетам, мы погибнем как цивилизация с вероятностью 98 % за 100 лет, с вероятностью 50 % за 30 лет только от изменения климата. Эта вероятность увеличивается примерно на треть за счет риска войны при противостоянии тирании, другими словами, наша цивилизация погибнет с вероятность 98 % примерно за 30 лет при простом развитии событий в результате сингулярности без сопротивления безумцам и их верным слугам — блаженным идиотам. Я готов предоставить интересующимся свои расчеты, но весьма скоро все это станет секретом Полишенеля.

Конкуренция цивилизаций за планеты

Климат на Земле не особенно редок в том смысле, что в нашей Солнечной системе и за ее пределами есть другие планеты со схожими условиями. Однако конкретное сочетание факторов, создающих климат Земли и делающих ее пригодной для жизни в том виде, в каком мы ее знаем, совершенно уникально. Например, расстояние Земли от Солнца как раз подходит для поддержания температуры, которая позволяет существовать жидкой воде на поверхности. Кроме того, атмосфера Земли содержит правильный баланс газов, включая кислород и углекислый газ, для поддержания жизни.

Кроме того, наличие сильного магнитного поля защищает планету от разрушительного воздействия солнечных ветров, а вращение и наклон Земли создают сезонные колебания климата, которые позволяют существовать разнообразным экосистемам. Хотя могут быть и другие планеты с похожими условиями, особое сочетание факторов, создающих климат Земли, делает ее редким и ценным местом во Вселенной.

Давайте, в порядке гипотетической ситуации и в контексте мысленного эксперимента, представим себе, что многие цивилизованные расы оспаривают право жить на нашей планете, однако закон этой части мироздания предусматривает право нынешних жителей планеты продолжать жить там нетронутыми до тех пор, пока их существование не нанесет существенный вред экосистеме планеты или представит значительный риск существования ее экосистемы, и тогда его может захватить победившая раса. Такая постановка вопроса, вероятно бы подняла этические вопросы об обращении с различными видами и ответственности людей за защиту окружающей среды.

Идея о том, что климат Земли редок и ценен, подчеркивает важность сохранения нашей планеты и ее экосистем. Как доминирующий вид на Земле, люди обязаны заботиться о планете и обеспечивать устойчивое использование ее ресурсов. Это включает в себя защиту окружающей среды от вредных действий, таких как загрязнение, вырубка лесов и чрезмерное потребление ресурсов.

Кроме того, гипотетический сценарий поднимает вопросы об этичности захвата планеты, населенной другими разумными видами. Хотя может и не быть законов, регулирующих владение планетами, важно учитывать права и потребности других видов и действовать с сочувствием и состраданием ко всем формам жизни. Ситуация, как вы понимаете, сильно меняется, если один из видов, уже живущих на планете, угрожает уничтожить жизнь на планете. Давайте предположим на секунду, что такой вид не знает о существовании других видов на этой планете. Как вы думаете, будет ли этичным этим видам, которым грозит гибель от действий агрессивного вида туземцев, принять меры к защите среды своего пребывания?

Таким образом, хотя гипотетический сценарий может быть нереалистичным, он подчеркивает важность защиты нашей планеты и отношения ко всем формам жизни с уважением и состраданием.

Я надеюсь, что вы подумаете об этом тщательнее, чем я.

Глава XXIII

Ронины Солнца

С учетом сказанного, времени у нас остается очень мало. Неясно, сможем ли мы исправить ситуацию, но я рекомендую просто принять свою судьбу с честью. Для этого я предлагаю неограниченному числу лиц присоединиться внутренне к приведенному ниже в этой книге Кодексу Чести Ронина Солнца — набора простых правил, с соблюдения которых каждый житель планеты может увеличить осознанность мира, начав работу непосредственно с себя. Я убежден, что это может помочь предотвратить или хотя бы смягчить негативный сценарий, продвигая сознательный и ответственный образ жизни. И вот почему я так думаю:

Я убежденный сторонник идеи пассионарности, хотя и в совершенно ином контексте, нежели это описано у Льва Гумилева[152], в его откровенно слабой теории этногенеза, которая перестает работать в современном обществе уже сейчас и совершенно не соответствует требованиям глобальных изменений, которые происходят прямо в наше время с тем, однако, комментарием, что в главном я с автором теории согласен: крошечное количество пассионариев способно изменить мир ценой своей жизни. Например, потому, что этносы становятся все более рудиментарным понятием. Скоро у нас останется только один суперэтнос для целей теории этногенеза: умные. Именно к ним будут хотеть присоединиться все этносы без исключения и темы географического, этнического, физиологического и т. п. разделений людей уйдет в небытие.

Хотя я также, как и автор этой теории — Лев Гумилев, совершенно убежден в том, что взлет и падение этнических групп и цивилизаций происходит в связи с внешними факторами. По сути, это закрывает вопрос о детерминизме развития мира, который меня интересовал с юности, а пассионарность в этом процессе является движущей силой развития и упадка этносов, но на нее влияют различные факторы, в том числе экологические и космические.

Автор этой теории предположил, что изменения в магнитном поле Земли, активность Солнца могут оказать влияние на пассионарность, влияя на поведение людей и развитие цивилизаций. Для определенности в этом вопросе нам потребуется еще очень много времени, поскольку теория этногенеза, в частности этносов — относительна и, например, эллинская и римская культуры настолько переплелись, что момент пассионарного толчка просто очень сложно определить с учетом общей недостоверности данных об исторических события, проблемах с носителями информации и т. п. Я также полностью солидарен с Гумилевым, считавшим, что для реализации перехода к пассионарному толчку, ведущему к структурным изменениям в обществе, по сути, эквивалентным развитию предшествуют генетические мутации, причина которых нам не понятна[153].Однако, она всегда

---

[153] *Магнитное поле Земли*: Гумилев предположил, что 1) колебания магнитного поля Земли могут влиять на нервную систему человека, тем самым влияя на поведение и развитие цивилизаций. Тем не менее, существуют ограниченные научные доказательства, подтверждающие эту идею, и степень, в которой магнитное поле Земли может влиять на поведение человека, остается неопределенной. Другим фактором он считал 2) Солнечную активность — Гумилев полагал, что изменения солнечной активности, такие как солнечные вспышки и циклы солнечных пятен, могут оказывать прямое влияние на климат Земли и психику человека. Некоторые исследователи обнаружили корреляции между периодами повышенной солнечной активности и крупными историческими событиями или изменениями в поведении человека, но эти корреляции не являются общепризнанными и остаются предметом дебатов.

сопровождается определенным фактором у адептов таких изменений — *пассионариев* — они всегда готовы поставить свою жизнь, физическое существование, на чашу весов того дела, которое они считают правильным.

Надо, однако, различать легковерных безумцев, не способных к собственному, независимому от чужих мнений, анализу, и людей способных выработать и критически оценить свою собственную позицию, но при этом обладающими необходимым для выработки такой позиции, знаниями. Другими словами, нас интересуют люди, образованные и имеющие опыт выше среднего в практически применимых дисциплинах, способные поставить свои личные интересы ниже интересов общества, при этом определенно обладающие критическим мышлением и способные не уступать свое сознание манипуляциям в виде различных теорий заговоров, пропаганды, ангажированным мнениям, а кроме того, обладающие высокой человеческой моралью. Для целей этого обсуждения я бы предложил их назвать «контекстными пассионариями».

Вот несколько способов, которыми кодекс чести может способствовать более позитивному будущему:

К тем двум аспектам, поднятым Гумилевым, я добавлю в качестве теории, 3) прецессию Земли: Прецессия Земли относится к медленному, циклическому изменению ориентации оси вращения Земли относительно ее орбитальной плоскости, с периодом около 26 000 лет. Я считаю, что изменение прецессии может оказать влияние на климат Земли и, в свою очередь, повлиять на поведение человека и развитие цивилизаций, что объясняет в некоторой степени явный территориальный аспект пассионарности.

Уважение к природе и сохранение ресурсов

Ценя природу и сохраняя ресурсы для будущих поколений, люди могут помочь предотвратить деградацию окружающей среды и истощение природных ресурсов.

Ценность образования и самосовершенствования

Люди, которые ценят образование и самосовершенствование, с большей вероятностью будут искать информацию об устойчивом образе жизни и предпринимать действия для уменьшения своего воздействия на окружающую среду.

Продвижение гуманитарных идеалов и демократии

Общество, которое ценит гуманитарные идеалы и демократию, с большей вероятностью будет уделять приоритетное внимание благополучию всех людей и работать над созданием справедливого общества.

Отвержение тирании и фашизма

Общество, отвергающее тиранию и фашизм, с меньшей вероятностью прибегнет к авторитарной практике, подрывающей свободу и права личности.

Содействие прозрачности и честности

Содействие прозрачности и честности во всех аспектах жизни, включая бизнес, может помочь предотвратить коррупцию и неэтичные действия, наносящие вред обществу и окружающей среде.

В целом, принятие описанного выше кодекса чести может способствовать более сознательному и ответственному образу жизни, в котором приоритет отдается благополучию отдельных людей, общества и окружающей среды. Ценя образование, продвигая гуманитарные идеалы и демократию, отвергая тиранию и фашизм, а также поощряя прозрачность и честность, люди могут помочь предотвратить негативный сценарий, описанный ранее, и работать в направлении более позитивного будущего.

Важно отметить, что точно предсказать влияние соблюдения принципов и кодекса чести, которые я предлагаю вашему рассмотрению, на вероятность негативного сценария крайне сложно и сложно прогнозировать последовательное развитие событий. Однако мы можем сделать некоторые общие наблюдения, основанные на исторических тенденциях и текущих событиях.

Отметим также, что простое соблюдение принципов сосуществования определенным процентом населения не гарантирует успеха в предотвращении негативного сценария. Есть много других факторов — в том числе геополитическая напряженность, экономические условия и технологические достижения, которые могут сильно повлиять на вероятность негативного сценария.

Так, например, одним из эффективных способов смягчить последствия потери работы из-за автоматизации является обеспечение минимального гарантированного дохода. Это могло бы помочь поддержать тех, кто потерял работу из-за автоматизации, обеспечив им стабильный доход, пока они ищут новую работу или обучаются и получают дополнительное образование для развития новых навыков. Также могут быть созданы расширенные государственные трудовые программы, предлагающие специальные рабочие места и образование, чтобы помочь работникам развить навыки, необходимые для новых возможностей трудоустройства.

В дополнение к этим мерам могут быть реализованы программы обучения и переквалификации, чтобы помочь работникам перейти к новым профессиям, которые пользуются большим спросом. Это может включать обучение в таких областях, как разработка программного обеспечения, анализ данных и искусственный интеллект, которые, как ожидается, будут пользоваться большим спросом в ближайшие годы.

Когда дело доходит до профессий, которые могут стать излишними, некоторые примеры включают рабочие места в обрабатывающей промышленности, на транспорте и в розничной торговле.

С другой стороны, профессии, требующие творчества, критического мышления и эмоционального интеллекта, такие как учителя и дизайнеры, скорее всего, останутся востребованными. Квалифицированные мастера и предприниматели, которые могут предоставлять персонализированные услуги, также могут по-прежнему цениться.

Стоит отметить, что некоторые рабочие места могут не полностью устареть, но могут быть преобразованы за счет автоматизации. Например, хотя беспилотные автомобили могут заменить людей-водителей, операторы-люди все еще могут быть необходимы для наблюдения за технологией и принятия решений в сложных ситуациях.

В целом, смягчение негативных последствий роботизации потребует комплексного подхода, включающего как краткосрочные меры, такие как минимальный гарантированный доход и создание специальных рабочих мест, так и долгосрочные решения, такие как программы обучения и переквалификации. Инвестируя в развитие новых навыков и поддерживая работников, уволенных из-за автоматизации, мы можем помочь обеспечить более равноправный переход к более автоматизированному будущему. Все это, однако, будет чрезвычайно сложно или невозможно осуществить при низком среднем уровне осознанности людей. При недостаточных усилиях по повышению уровня осознанности, мы рискуем погибнуть как цивилизация на горизонте 30 – 50 лет, однако начнем массово испытывать серьезные экзистенциальные проблемы начиная с 2029 – 2030 годов.

Все это очевидно, однако, надо различать вероятность и возможность. Сколько же нам нужно таких контекстных пассионариев для того, чтобы решить вопросы, которые стоят перед человечеством на нашей планете? Если бы, например, только 2 % населения отдавали бы себе отчет в происходящем, что составляет так называемый статистический ноль[154] — точка среднестатистически вероятного события, то вероятность предотвращения негативного сценария была бы, вероятно, относительно низкой. Такого небольшого процента населения, вероятно, будет недостаточно, чтобы оказать существенное влияние на общую траекторию глобальных событий.

По мере того, как процент населения, обладающих адекватной осознанностью, увеличивается до 10 %, 30 % и 45 %, вероятно, будет возрастать и вероятность предотвращения негативного сценария. С большим количеством людей, приверженных принципам активного противостояния разрушения мира в угоду собственным корыстным интересам, ведущим нас к неминуемой гибели, будет больше шансов на создание значимых изменений и формирование социальных норм и ценностей в сторону более устойчивых и этичных практик. Реалистично ли это? Даже мне очевидно, что это не может казаться реалистичным.

---

[154] Иными словами, это, сугубо статистически, количество людей, которые уже ведут себя более осознанно, чем другие в силу самых разных обстоятельств.

В целом, хотя соблюдение кодекса чести может повысить вероятность предотвращения негативного сценария, трудно с полной точностью предсказать точный эффект таких усилий. Наша цель, однако, состоит в том, чтобы показать Вселенной свою детерминированность действовать осознанно. Тогда нам помогут. И тут мне приходится признаться, что я уже знаю ответ на этот для меня риторический вопрос: в еврейской традиции есть обычай во время одного из ритуалов, суть которого сейчас не важна, добавлять каплю воды в бокал вина. Это символизирует то микроскопическое усилие с нашей стороны, которое порождает изобилие, которое нам дается Вселенной. Я настойчиво прошу вас вспомнить об обстоятельствах вашей собственной жизни, которые подтверждают это правило. Это означает на практике, что нам надо начать упорную и бескомпромиссную борьбу за выживание человечества. Иначе на смену нам придут другие формы существования материи. Однако, я вполне отдаю себе отчет в том, что для значительной части читателей этой книги, будет совершенно недостаточно просто привести религиозную практику в качестве доказательства, пусть даже с намеком на тысячелетний феншуй. Для этих уважаемых читателей я расскажу про вопрос, ответ на который позволил, пусть и едва-едва, мне пройти в одну из лучших Западных бизнес-школ мира и, если честно, мне дали там кредит доверия просто за мое упорство в ответе на этот вопрос. Вот такой же кредит сейчас прошу я и у вас сейчас. В бизнес-школе меня спросили так: «На взлетной полосе Франкфурта, Германия стоит Боинг 747 и он готов лететь в Сан Франциско, США. Скажите, сколько он весит?». Смысл в том, чтобы, не имея точных знаний, ответить примерно верно на основе отрывочных данных: вспомнить сколько иллюминаторов, представить сколько весит средний человек, сколько везет с собой вещей мужчина и женщина, представить себе расстояние, которое придется преодолеть самолету и сколько ему будет нужно для этого горючего, сколько весит ваш внедорожник и сколько таких поместится в Боинге 747 и т. п. И так, постепенно, прийти к предполагаемому весу самолета.

Я взял знаменитые «*17 уравнений, которые изменили мир*» Яна Стюарта[155], нормировал и посчитал даты 16 из которых были открыты за период в 380 лет, которые Гумилев бы назвал инерционным, посчитал

---

155 1. Теорема Пифагора: $a^2 + b^2 = c^2$;

2. Сумма логарифмов: $\log xy = \log x + \log y$;

3. Производная: $\dfrac{df}{dt} = \lim\limits_{h \to 0} \dfrac{f(t+h) - f(t)}{h}$;

4. Универсальный закон всемирного тяготения: $F = G\dfrac{m_1 m_2}{r^2}$;

5. Теорема Эйлера (Квадратный корень из минус один): $i^2 = -1$;

6. Формула Эйлера на многогранниках: $V - E + F = 2$;

7. Нормальное распределение Гаусса: $\Phi(x) = \dfrac{1}{\sqrt{2\pi\rho^2}} e^{\frac{(x-\mu)^2}{2\rho^2}}$;

8. Уравнение Даламбера: $\dfrac{\partial^2 u}{\partial t^2} = c^2 \dfrac{\partial^2 u}{\partial x^2}$;

9. Преобразование Фурье: $f(\omega) = \int\limits_{-\infty}^{\infty} f(x) e^{-2\pi i x \omega} dx$;

10. Уравнение Навье-Стокса: $\rho\left(\dfrac{\partial v}{\partial t} + v \cdot \nabla v\right) = -\nabla p + \nabla \cdot T + f$;

11. Уравнения Максвелла:
$\nabla \cdot E = \dfrac{\rho}{\varepsilon_0}, \nabla \cdot H = 0, \nabla \times E = -\dfrac{\partial H}{\partial t}, \nabla \times H = \mu_0\left(J + \varepsilon_0 \dfrac{\partial H}{\partial t}\right)$;

12. Второй закон термодинамики: $dS \geq 0$;

13. Теория относительности: $E = mc^2$;

14. Уравнение Шрёдингера: $i\hbar\dfrac{\partial}{\partial t}\Psi = H\Psi$;

15. Теория информации: $H = \sum p(x) \log p(x)$;

16. Теория Хаоса Мэя: $x_{t+1} = kx_t(1 - x_t)$;

17. Уравнение Блэк-Шоулз: $\dfrac{1}{2}\sigma^2 S^2 \dfrac{\partial^2 V}{\partial S^2} + rS\dfrac{\partial V}{\partial S} + \dfrac{\partial V}{\partial t} - rV = 0$.

	Предмет	Области применения
1	Теорема Пифагора	Топография, навигация, специальная теория относительности, общая теория относительности
2	Сумма логарифмов	Астрономический расчет, радиоактивность, психофизика
3	Производная	Расчет объемов твердых тел, длины кривых, законы Ньютона, математическая физика.
4	Универсальный закон всемирного тяготения	Предсказание затмений, искусственные спутники, телескоп Хаббл, спутниковое телевидение, GPS
5	Теорема Эйлера (Квадратный корень из минус один)	Усовершенствование тригонометрических таблиц, квантовая механика
6	Формула Эйлера на многогранниках	Топология
7	Нормальное распределение Гаусса	Статистика
8	Уравнение Даламбера	Знание волн
9	Преобразование Фурье	Обработка сигналов, структура ДНК, медицинский сканер
10	Уравнения Навье-Стокса	Аэродинамический
11	Уравнения Максвелла	Радио, радар, телевидение, беспроводная связь
12	Второй закон термодинамики	Паровой двигатель, возобновляемые источники энергии
13	Теория относительности	Ядерное оружие, большой взрыв, спутниковое позиционирование
14	Уравнение Шрёдингера	Квантовая физика, лазер , компьютерные чипы
15	Теория информации	Аудио CD, искусственный интеллект, криптография
16	Теория Хаоса Мэя	Прогноз погоды, динамика населения, движение планет
17	Уравнение Блэка-Шоулза	Финансовые рынки, биржа

на основе Проекта Математической генеалогии[156] количество ученых математиков, а именно 137 672, выделил среднеарифметическое число таких ученых к популяции, распределил, весьма приблизительно, по годам, посчитал общее количество ученых во всех сферах наших знаний, не исключая экономики и бизнеса и пришел к цифре 8 800 000 человек, затем после нехитрого нормирования я пришел к коэффициенту в 0,000003 к текущему населению или 0,0026 от всех этих потенциальных пассионариев, которые вполне могут стать контекстными пассионариями. От них потребуется заняться правильными вещами, которые нам нужны для здравоохранения, такими, например, как борьба с раком, старением, борьбой с загрязнениями окружающей среды, борьба против агрессивной пропаганды, против манипуляций общественным мнением, борьба за развитие телепортации, телепатии, передачи энергии на расстоянии, путешествий во времени и в далеком космосе[157]. Найдем ли мы 23 158 успешных и умных людей, которые готовы заняться тем, что нам действительно нужно? Чтобы побороть голод, загрязнение окружающей среды, нищету, манипуляции наших омерзительных правительств, транснациональных корпораций и банд? Я не знаю. Если бы я был одним из таких людей, я бы не задумываясь поставил свою жизнь на кон и, чтобы у ни

---

[156] The Mathematics Genealogy Project.

[157] Между прочим для прорыва по вышеуказанным вопросам в моем понимании потребуется совсем немного: а именно сконцентрироваться на декодировании Дзета-функции Римана применительно к биологии, дальнейшее обобщение уравнения Дирака применительно к квантовой физике, исследование фотонных кристаллов с точки зрения спирали Фибоначчи, изучение символов Кристоффеля для общей теории гравитации и, наконец, исследования знаний одинаковой достоверности и уровня в любых отраслях для выявления парных научных закономерностей.

у кого не было сомнений, так я и сделаю, если будет понятно, что это поможет миру.

Вот некоторые дополнительные направления, которые можно было бы развить, чтобы усилить применимость вышеуказанного кодекса чести и повысить шансы человечества на выживание.

Образование

Образование играет решающую роль в повышении осведомленности и продвижении ценностей и принципов, изложенных в кодексе чести. Правительства и организации гражданского общества могут работать вместе, чтобы системы образования уделяли приоритетное внимание таким ценностям, как критическое мышление, сострадание и эмоциональная устойчивость.

Технологические инновации

Технологические инновации могут помочь решить многие проблемы, стоящие перед человечеством, от изменения климата до истощения ресурсов. Правительства, корпорации и организации гражданского общества должны инвестировать и продвигать технологические решения, соответствующие принципам кодекса чести.

Международное сотрудничество

Проблемы, стоящие перед человечеством, требуют глобальных решений. Правительства, международные организации и гражданское общество должны работать вместе для решения таких проблем, как изменение климата, ядерное разоружение и бедность. Принципы, изложенные в кодексе чести, могут служить основой для международного сотрудничества и взаимодействия.

Ответственное потребление

Люди также могут играть роль в продвижении принципов кодекса чести, принимая привычки ответственного потребления. Это включает в себя сокращение отходов, выбор экологически чистых продуктов и поддержку этического бизнеса.

Укрепление демократических институтов

Демократические институты предоставляют гражданам платформу для участия в процессах принятия решений, влияющих на их жизнь. Правительства должны работать над укреплением демократических институтов и обеспечивать их прозрачность, подотчетность и инклюзивность. Это поможет предотвратить концентрацию власти и богатства в руках ограниченной группы людей.

Применяя эти меры, можно усилить применимость кодекса чести и повысить шансы человечества на выживание. Вероятность негативного сценария, описанного ранее, может быть снижена по мере того, как все больше людей будут придерживаться принципов, изложенных в кодексе чести, и работать вместе для решения проблем, стоящих перед человечеством.

Чтобы увеличить шансы на применимость принципов поступательного развития, можно использовать социальные, политические и правовые инструменты. В социальном плане можно организовать кампании по повышению осведомленности и просвещению, чтобы побудить людей принять и соблюдать кодекс чести. Это можно сделать с помощью публичных лекций, семинаров и мастер-классов, направленных на информирование людей о важности экологической устойчивости, мирного сосуществования и уважения прав человека.

С политической точки зрения правительства могут принимать законы и политику, соответствующие кодексу чести. Эти законы могут быть направлены на сокращение выбросов парниковых газов, продвижение возобновляемых источников энергии, защиту прав меньшинств и поощрение мирного разрешения конфликтов. Правительства также могут создавать учреждения, ответственные за обеспечение соблюдение этих законов.

Юридически международные соглашения и конвенции могут быть подписаны для обеспечения экологической устойчивости, мира и уважения прав человека. Такие соглашения могут обеспечить правовую основу для разрешения споров, обеспечения соблюдения и привлечения отдельных лиц и корпораций к ответственности за свои действия. Организация Объединенных Наций, например, имеет различные конвенции, такие как Парижское соглашение об изменении климата, Всеобщая декларация прав человека и Конвенция о предупреждении преступления геноцида и наказании за него.

Принятие этих мер может повысить шансы на применимость кодекса чести, что в итоге повысит вероятность выживания человечества. Однако ни одна организация, институт или конвенция не смогут заменить нашей осознанности, без которой все это станет лишь бюрократическими структурами и пустыми словесами. Если каждый из нас не примет решение остановить зло на себе и впустить в себя Свет, пусть и ценой своего временного или даже, как сделают лучшие из нас, постоянного материального неблагополучия, мы вскоре исчезнем как биологический вид.

И вот что, среди прочего, вселяет в меня уверенность: высота Великой Пирамиды в Гизе[158] при

---

[158] Пирами́да Хеопса (араб. هرم خوفو), Великая пирамида Гизы — крупнейшая из египетских пирамид, памятник архитектурного искусства Древнего Египта; первое и единственное из «Семи

умножении на 43 200 дает нам полярный радиус Земли, а периметр основания, умноженный на 43 200, дает нам экваториальную окружность Земли.

Число 43 200 — неслучайно. Это 600 циклов прецессии Земли на 1 градус, которое происходит каждые 72 года. Я объясняю это как послание от составителя игры, в которой мы участвуем: четыре тысячи лет спустя после того, как было построено это сооружение, люди еще думали, что земля плоская и стоит на трех слонах.

Как, я надеюсь, читателю уже очевидно, я предполагаю, что вся история существования мира, продиктованная абсолютным детерминизмом, который, с одной стороны, мог бы ввергнуть нас в отчаяние, поскольку нам предстоит, по моему скромному мнению, еще около 200 миллиардов лет существования этой Вселенной. В контексте истории Вселенной гибель или выживание крошечной искры разумной жизни, расположенной по адресу: Земля, Солнечная система, Рукав Ориона, Млечный Путь, Местная группа, Сверхскопление Девы, Сверхскопление Ланиакея, Вселенная может иметь важное значение. Или не иметь. Мы не знаем точно. Но если предположение о том, что наши мысли создают и воссоздают этот мир верно, то они создают энергию, из которой появляется свет, а эта энергия путем понижения вибрации создает элементарные частицы, которые, в свою очередь создают материю, а мы затем, при взаимодействии с этой материей производим эмоции и на их основе создаем мысли, таким образом воссоздавая этот мир, то мы — основной источник энергии для расширения Вселенной. Для существования всего, что в ней есть.

чудес света», сохранившееся до наших дней, и самое древнее из них: её возраст оценивается примерно в 4 500 лет.

Из всей Вселенной у нас есть только эта крошечная планета на обочине Вселенной. Но это наше лучшее место во Вселенной — Лалангамена[159], наш дом родной. Беззащитность нашей прекрасной планеты, в первую очередь, от нас самих, вызывает у меня тревогу.

А с другой стороны, это же вызывает во мне радость и оптимизм, поскольку я теперь полностью убежден в божественном замысле существования этого мира, где его Творец — это я сам, ровно в той же самой степени, что и каждый из нас, Ронинов Солнца, — тех, кто прочитал эту книгу до конца или кому не нужны никакие книги для этого понимания, тех, кто может посмотреть на Творца этого мира и на его Противника в любую минуту, просто посмотрев на себя в зеркало. Когда я думаю об этом, мое сердце преисполняется любви и наполняется гордостью за нас с вами — тех, кто шагнул в черную бездну с улыбкой на устах.

Все решения принимаются здесь и сейчас и как раз для такого решения здесь и сейчас, на следующей странице вашему вниманию и предлагается краткий свод осознанности, Кодекс Чести Ронина Солнца.

**Я на коленях целую руки всем,
кто прочитал эту книгу почти до конца.
Откройте и следующую страницу,
пожалуйста.**

---

[159] См. Гордон Диксон «Лалангамена»

Кодекс чести
Ронина Солнца

1. Я буду жить сознательной жизнью и отдавать приоритет своему счастью, не ставя под угрозу интересы других.

2. Я буду честным, смелым и буду отстаивать свои идеалы, моральные ценности, семью и собственность.

3. Я буду уважать границы других и развивать доброту, любовь к природе и сохранение ресурсов для будущих поколений.

4. Я буду поддерживать образование, самосовершенствование и технологические достижения, одновременно препятствуя религиозным догмам, фашизму, рабству, манипуляциям и неправомерному обогащению.

5. Я буду отстаивать транспарентность в обществе и буду поощрять демократию, гуманистические идеалы и свободу себя и других.

6. Я буду практиковать честность, в том числе в семейных отношениях и в бизнесе, с разумным ограничением в виде коммерческой и семейной тайны.

7. Я буду защищать слабых, в том числе поддерживать тех, кто оступился, но деятельно раскаивается и хочет исправиться.

8. Я буду находчивым, трезвым и буду уважительно относиться другим, включая к женщинам, детям, меньшинствам и людям предопределения — людям с ограниченными возможностями.

9. Я буду защищать свое общество и идеалы, применяя эффективное и бескомпромиссное правосудие, а также приветствуя интересы других.

10. Я клянусь отстаивать следующие долгосрочные принципы всеми средствами и, если потребуется, ценой моей жизни и решение об этом я буду принимать только сам:

ДОЛГОСРОЧНЫЕ ПРИНЦИПЫ:

Счастье

Стремление к счастью должно быть конечной целью без ущерба для интересов других.

Уважение

Я буду уважать границы и интересы других, а также ресурсы планеты.

Целостность

Я буду поддерживать честность, храбрость и прозрачность во всех своих действиях и решениях.

Обучение

Я буду поощрять образование, самосовершенствование, технологические достижения и стремление к знаниям.

Справедливость

Я буду защищать свое общество и идеалы, применяя эффективное и бескомпромиссное правосудие.

Демократия

Я буду поддерживать демократию, гуманистические идеалы и свободу для себя и других.

Ответственность

Я буду находчивым, трезвым и ответственным за свои действия, уважая при этом женщин, детей, меньшинства и людей предопределения.

Любовь

Я буду культивировать доброту, любовь к природе и сохранение ресурсов для будущих поколений.

Борьба с угнетением

Я буду препятствовать религиозным догмам, фашизму, рабству, манипуляциям, неправомерному обогащению и концентрации власти и богатства в руках ограниченной группы людей и сам выбираю не быть их частью.

Препятствие распространению зла

Если ко мне будет применено несправедливое насилие или вообще любое зло, я обязуюсь остановить зло на себе и не допустить его распространения через меня.

11. Я верю, что это поможет в определении кодекса чести и долгосрочных принципов для людей, которые стремятся жить осознанной жизнью, отдавая приоритет своему счастью и уважая интересы других.

12. Я осознаю, что свобода выбора — важнейшая составляющая счастья и я никогда не буду требовать от других присоединиться к Ронинам Солнца.

Приложение 2

Рисунки

Послесловие

Череда невероятных и, потенциально, чрезвычайно драматических событий, которая сопровождает активную фазу изменения цикла прецессии Земли, о которой написано в этой книге, более известный на бытовом уровне как смена двух *Эр* — с *Эры Рыб* на *Эру Водолея*, уже привела к серьезным событиям, но в будущем еще вызовет тектонические изменения в мире. Но смена эр еще приведет к тектоническим изменениям в мире. Эти изменения будут происходить в активной фазе несколько столетий. Вышло, однако, так, что я осознанно и рано испытал дуновение новой эры, главным образом благодаря, вероятно, моей бесшабашной уверенности в существовании множественности жизненных циклов и моему, вероятно, природному скепсису в отношении верований, сект, систем тренингов и религий, политических партий, а равным образом благодаря моим прекрасным учителям языков, карате, философии, истории, математической статистики, праву, истории религий и т. п., каждый из которых, как заботливый ментор, оставил частичку своего понимания о приходящем новом мире, но никогда не завладевший всем моим вниманием.

Объективно драматические события моей жизни в последние десять лет привели меня к последовательной череде внутренних решений, которая сформировала во мне человека, абсолютно не похожего на того, с которого начался процесс трансформации, прошедшего через тяжелейшие испытания, начиная от потери возможности общаться с сыном, преждевременной гибели родителей, бесконечными попытками отправить меня на небеса и непрекращающимися перипетиями[160].

---

[160] *Перипетии* (греч. Νέμεσις). В современном языке означает внезапную неблагоприятную перемену судьбы либо неожиданное осложнение. В драматургии — приём, обозначающий неожиданный поворот в развитии сюжета и усложняющий фабулу.

По сути, примерно на треть эта книга написана многими людьми, которые стали учителями автора в России, Голландии, Гонконге, Лондоне, Украине, любезной Франции, Германии и, наконец, в благословенных Соединенных Штатах Америки, где автор и проживает в момент написания этой книги. Отдельно я благодарю украинку Лесю, которая под российскими бомбами в Харькове ночами с затемненными окнами помогала мне в написании этой книги, американку Оливеру, которая научила меня любить себя без причин, чистую душой ворожею Ольгу, мудрую японку Лили, которая научила меня определять временных попутчиков в жизни по тому, как они выбирают овощи в продуктовом магазине, остроумного американца Бэ, великолепного мастера Такахаши, который научил меня менять свое тело через изменение моих мыслей, и моих друзей, партнеров на всех континентах и во все времена. Заодно, пользуясь случаем, хотел бы поблагодарить моих врагов: ненавидя меня и даже стремясь причинить вред, вы делаете мою жизнь осознанной. Каждый из этих людей оставил неизгладимый след в моей жизни. Рефлексии о них перенесены в эту книгу, а все они вместе составляют со мной единое целое и, одновременно, являются основной причиной моего существования — ежедневного роста над собой. Каббалистическая[161] традиция, выделяет всего *две* причины для смерти:

В своём трактате «Поэтика» Аристотель определил перипетию как «превращение действия в его противоположность».

[161] *Каббала́* (ивр. קַבָּלָה — «получение, принятие; предание») — религиозно-мистическое, оккультное и эзотерическое течение в талмудическом иудаизме, появившееся в XII веке и получившее распространение в XVI веке. Эзотерическая каббала претендует на тайное знание, божественное откровение, зашифрованное в тексте Торы. Каббала связана с осмыслением Творца и творения, роли и целей Творца, природы человека, смысла существования. Основу каббалы составляют древние

- если вы выполнили свое предназначение в этом мире;

и

- если вы уже не сможете выполнить свое предназначение в жизни.

Само написание этой книги продиктовано не столько моим собственным желанием, сколько четким предписанием, полученным мной непосредственно от источника. Мне хотелось бы закончить этот параграф на такой красивой ноте, однако, для целей хирургической чистоты: две трети этой книги написаны сердцем и, вместо чернил, кровью автора совершившего множество ошибок в своей жизни. Это все равно придется признать и поэтому сделаем это прямо сейчас.

Эта книга написана через биение сердца, что означает, что вся книга состоит из множества повторяющихся, похожих друг на друга сегментов, которые в расшифровках кардиограмм назывались бы кардио-интервалами. Хотя я не могу сказать, что самостоятельно выбрал такой стиль — я писал совершенно не задумываясь о логике текста, но определенную структуру я все же увидел уже после завершения книги. Она состоит в том, чтобы поднять читателя на некоторую высоту, условно — птичьего полета, который даст возможность оценить тренды ближайшего будущего. Этой информацией читатель сможет воспользоваться в своей повседневной жизни. Затем я покажу важнейшие инструменты для улучшения материального аспекта жизни, а потом мы постарались разглядеть более укрупненную картину мира в призме

сочинения «Йецира», «Багир» и «Зо́ар». Учение это не является догмой, однако я с уважением отношусь ко всем статистическим выводам, которые человечество собирало тысячелетия. Поэтому в моей книге, в числе других, я использую знания, полученные из этого древнего и мудрого источника с сугубо прагматическими целями.

непосредственных интересов читателя. Эта книга, таким образом, представляет собой сугубо практический гид по том, как в новой эре жить и быть счастливым. Причем это последнее — счастье, — является той единственной ценностью, которую автор считает достойным божественного внимания человечества. Уточним даже, во избежание всяких сомнений, что ничего, кроме счастья, включая, но не ограничиваясь такими понятиями как «долг», «Родина», пестрые букеты различных «социальных норм» и т. п., автор не считает контекстно важными и в своем внимании опускает. Все инструменты, которые автор предлагает читателю для изучения, направлены не на абстрактное создание эффекта восторга и экзальтированности, а на создание материальной базы, позволяющей личным внутренним убеждением прийти к разумному выводу, что проживаешь жизнь правильно и адекватно имеющимся внешним условиям. Ключ к успеху в любом начинании происходит из способности изменить свое мышление. Для изменения моего мышления я ставил себя в ситуации, когда мне приходилось меняться или терпеть явную неудачу. После тысячи неудач я начал меняться. Однако, наверное, достаточно было бы и одной.

Еще одно важное замечание. Эта книга — гид по выживанию в мгновенно меняющихся условиях все ускоряющегося времени, а не книга, направленная на личностный рост. Здесь указаны способы как быть счастливыми и наполненными, несмотря ни на то что. Земля в буквальном смысле уходит из под ног. Быть счастливым в этих обстоятельствах — это все равно что быть живым. Чем быстрее мы это поймем, больше шансов у нас выжить не в качестве случайных микроорганизмов, а в качестве разумных существ.

Есть еще две парадигмы, которые, в прочем, я, подчерпнул у Бернарда шоу: нам нет смысла искать себя — нам нужно создавать себя. И то, что разумный человек приспосабливается к миру, а не пытается его изменить, в то время как неразумный человек пытается изменить мир, а не себя. Таким образом, весь прогресс осуществляют неразумные люди. То, что я совершенно точно неразумный человек, еще не делает меня человеком, который меняет этот мир и, разумеется, я не знаю, смогу ли я его изменить. Но я совершенно точно хочу его изменить.

Моя мечта состоит в том, чтобы читатели вырывали страницы из этой книги, заворачивали бы в нее рыбу, писали на ее полях, зачеркивали мои идеи и писали свои, делали издевательские надписи, ругали, смеялись над ней, но только дочитали бы до конца, хотя бы для того, чтобы с уверенностью ее критиковать, или сдать в макулатуру, или стереть ее в следующую после прочтения минуту.

В японской традиции есть понятие *шу ха ри*: когда ученик готов, учитель появится, а когда ученик действительно готов, учитель исчезнет. *Шу* — изучение базиса и имитация великих учителей, *ха* – экспериментирование и интеграция изученного у мастеров со своими экспериментами, *ри* — собственные инновации и применение к их различным ситуациям.

Дерзайте! Время еще есть.

Содержание

ISBN: 979-8-218-22368-7

Напечатано в США